schöner kochen

Die Kunst der perfekten Zubereitung

Rezepte und Tipps für die warme Küche

Ich widme dieses Buch meiner Frau Melanie,
für ihre jahrelange Unterstützung,
ihr Vertrauen und ihr maßgebendes Urteilsvermögen.
Sie ist für mich, zusammen mit unseren
beiden Kindern Lia und Gabriel,
die größte Inspirationsquelle.

Vorwort

Sie kochen gut und gern? Und wundern sich doch immer wieder, warum das Essen im guten Restaurant oder in Ihren Kochbüchern immer prächtiger wirkt als bei Ihnen zu Hause? Trotz aller Mühe und Genauigkeit? Manchmal sind es winzige Kleinigkeiten, die auf dem Teller den Unterschied zwischen „Oh ja!" und „Oh weh!" ausmachen – man muss sie nur kennen.

Wie in „schöner kochen – Rezepte und Tipps für die kalte Küche" lade ich Sie auch in diesem Buch zu einer Entdeckungsreise in die Welt außergewöhnlicher und mit viel Liebe zum Detail angerichteter Speisen ein: Ich serviere Ihnen viele meiner Lieblingsgerichte, mit denen Sie Ihre Gäste demnächst verzaubern können. Garniert habe ich diese Auswahl mit unzähligen Kniffen und Tricks, die sich auch in der täglichen Küche nutzen lassen. Sie werden sehen: Plötzlich werden Ihre Bratkartoffeln richtig kross und die Soßen perfekt. Das Gemüse ist auch nach dem Garen noch knackig und seine Farbe frisch. Die klare Suppe bleibt wirklich klar, der Braten gelingt innen saftig zart und außen knusprig kross und die Knödel glänzen appetitlich.

Und dann kommt noch der große Moment: das Finish auf dem Teller. In großen Step-by-Step-Fotos erkläre ich, was perfektes Handwerk in diesem entscheidenden Moment auszeichnet. An einfachen Beispielen zeige ich Ihnen, wie man ideenreich drapiert oder kunstvoll stapelt. Wie man aus einfachen Kartoffeln kunstvolle Beilagen zaubert und wie man eine Lasagne wie für ein Fotoshooting bräunt – alles vermeintliche Kleinigkeiten, die aber die perfekte Küche erst ausmachen. Für zusätzliche Würze sorgen die kleinen Plaudereien aus dem Alltag eines Foodstylisten.

Lassen Sie sich von meinen Ideen anregen, verführen und verlocken Sie Ihre Gäste mit effektvoll arrangierten Speisen und genießen Sie auch mit dem Auge.

Ihr Rafael Pranschke

Praktisch: Die Einkaufslisten zu den Rezepten aus diesem Buch können Sie unter www.bjvv.de/skwk für die gewünschte Personenzahl berechnen und für Ihren Einkauf ausdrucken.

Inhalt

Rezepte und Tipps
Rezepte und Tipps
Rezepte und Tipps

Aus dem Alltag eines Foodstylisten

Aus dem Leben eines Foodstylisten

Ein großer Tisch, ein riesiger Korb voller Lebensmittel, ein Fotograf, der sein Licht einstellt, Assistenten, die peinlich genau Gläser und Teller auf Hochglanz polieren und aus Stoffservietten jede noch so kleine, für das ungeübte Auge unsichtbare Falte herausbügeln – und mittendrin ich als Foodstylist. Erst den Kochlöffel schwingend, um dann ganz sorgfältig die zubereiteten Köstlichkeiten auf Platten, Tellern, in kleinen und großen Gläsern zu verteilen. Hier und da vorsichtig ein Tröpfchen Wasser, dekorative Schnittlauchhalme einen Millimeter nach vorn, schließlich doch wieder nach hinten, weil es vorher einfach besser aussah – und dann ist es so weit: Es ist angerichtet und nun kann fotografiert werden. Leider geht alles nicht so schnell wie beschrieben, sondern dauert meistens Stunden. Das bedeutet, dass das Gericht unter Umständen immer wieder neu gekocht werden muss, weil es unter den Scheinwerfern die Farbe verloren hat oder in sich zusammengefallen ist – eine minutiöse Arbeit, die viel Geduld braucht.

Sollen Lebensmittel und Gerichte für Werbung, Kochbücher, Zeitschriften oder das Fernsehen perfekt in Szene gesetzt werden, helfen Foodstylisten wie ich bei der optischen Präsentation der Genüsse. Wir rücken Fleisch und Fisch, Gemüse, Suppen und Desserts ins rechte Licht. „Aber wie wird man eigentlich Foodstylist?" Ganz ehrlich: Die eine richtige Antwort kann ich Ihnen nicht geben, denn eine klassische Ausbildung oder ein Studium gibt es nicht. Hilfreich sind jedoch eine klassische Kochausbildung und eine Affinität zu Ernährungsthemen – und jede Menge Kreativität, ein Gefühl für Farben, Formen und Proportionen kombiniert mit einem feinen Gespür sowohl für Optik und Haptik der Lebensmittel als auch für die fotografische und filmische Umsetzung. Nicht zuletzt: gute Nerven und Begeisterung und Leidenschaft für diesen Beruf.

Einen klassischen Nine-to-five-Job hat man als Foodstylist nicht. Mein Arbeitstag beginnt meistens schon in den frühen Morgenstunden mit einem Besuch auf dem Markt. Dort inspiziere ich Ware, begutachte sie nach ihrem Aussehen und ihrer Frische. Natürlich immer in ausreichender Menge, um für alle Eventualitäten bestens gerüstet zu sein. Dabei kommt es letztlich auch darauf an, für welchen Auftrag ich gebucht bin: Für ein Fotoshooting benötige ich nicht so viel wie für einen Film, denn im Fotostudio wird den ganzen Tag so lange an einem einzigen Pizzastück gearbeitet, bis am Abend die absolut perfekte Margherita entstanden ist. Am Filmset dagegen müssen an einem Tag schon mal 30 Pizzen angerichtet werden.

Aber zurück zum Einkauf, denn allein der birgt so manche Tücke in sich. Ich erinnere mich an einen Auftrag, für den ein italienischer Provolone-Käse – ein kugelförmiger Käse, der mit Paraffin ummantelt und mit einer Schnur gebunden ist – gebraucht wurde. Klingt erst einmal nicht weiter spannend. Einfach bestellt und fertig. Am Abholtag dann die böse Überraschung: Mir wurde ein Käse überreicht, der in Folie – bedruckt mit einem Schnurrelief – eingeschweißt war. Komplett unbrauchbar. Und während jeder Koch schon mal auf einen Provolone-Käse verzichten könnte, steht dem Foodstylisten in so einem Moment das Wasser bis zum Hals. Denn ein ganzes, meist hochbezahltes Spezialistenteam wartet auf genau diesen Käse. Zeit für Plan B. Im Handumdrehen brachte ich gefühlt alle Telefonleitungen in Deutschland zum Glühen und machte mein gesamtes Netzwerk wild nach Provolone. Und nur kurze Zeit später hielt ich am Set ein wahres Prachtexemplar in den Händen. Geliefert per Direktkurier – mit erstaunlich hohen Transportkosten für einen einzelnen Käse. Sie sehen, auch Organisationstalent und Nervenstärke in unvorhergesehenen Situationen zeichnen einen erfahrenen Foodstylisten aus.

Der Fähigkeit, nahezu alles besorgen zu können, ist aber nur eine Facette. Noch wichtiger ist das Selbstbewusstsein, etwas komplett Neues zum ersten Mal in einem großen Team und unter allgegenwärtigem Zeitdruck zu kreieren. Wie in einer Staffel von Germany's-next-Topmodel, in der die Beautys als Fünf-Gänge-Menü inszeniert und in Lebensmittel gehüllt wurden. Inklusive Ganzkörper-Schoko-Glasur und Oktopus-Collier. Und genau beim Oktopus kam ich ins Spiel, denn daraus sollte ich einer Kandidatin einen Dutt auf den Kopf zaubern. Zugegeben: Daran hatte ich erst mal mehr Spaß als sie – aber vom Ergebnis waren wir am Ende beide begeistert.

Es ist der Spaß an der Abwechslung, an der täglichen Herausforderung und die Nähe zu meiner Leidenschaft, dem Kochen, die diesen Beruf für mich einzigartig macht. Viele meiner gesammelten Ideen und Tipps sind auch zu Hause beim Kochen wunderbar zu nutzen. Ich habe sie in „schöner kochen" für Sie zusammengefasst. Und noch ein wichtiger Tipp zum Start: Genießen Sie bereits ganz bewusst die Zubereitung – dann gelingt alles umso besser!

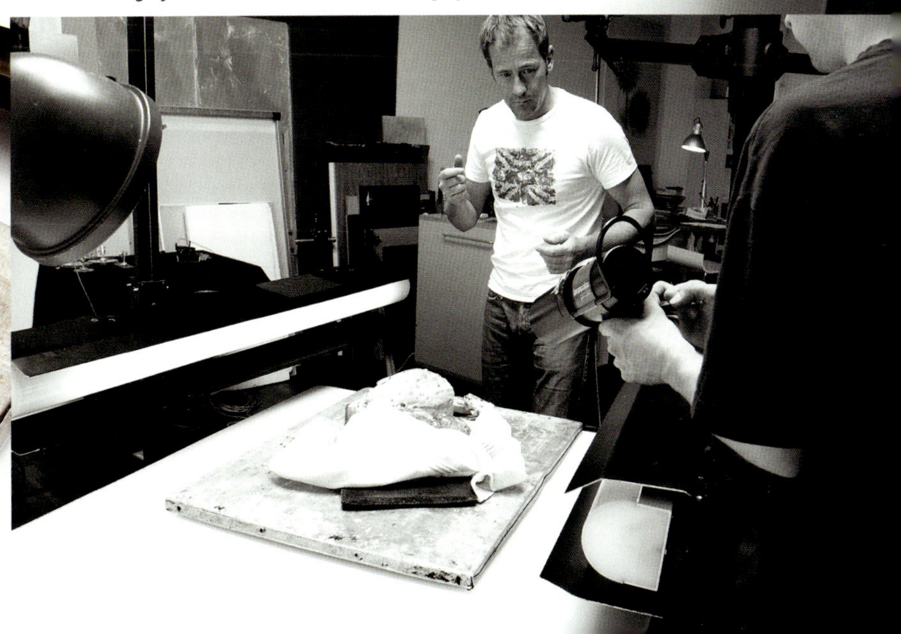

Making-of-Bilder im Studio des Food-Fotografen Hubertus Schüler

Suppen

Löffelweise Geschmacksvielfalt

Gebundene Suppen werden in tiefen Tellern, Bouillons oder Consommés in Henkeltassen serviert – diese alte Regel gilt zwar heute auch noch, aber nicht mehr ausschließlich. Denn die Suppe erlebt als Symbol einer kreativen und sinnlichen Küche ein wahres Comeback als Trendgericht und wird entsprechend fantasievoll und außergewöhnlich angerichtet: In einer Espressotasse, im Weck - oder Reagenzglas gereicht, wird die Suppe von der einfachen, gut schmeckenden Speise zum visuellen Hochgenuss erhoben.

In diesem Kapitel möchte ich Sie mit einigen raffinierten Ideen inspirieren, Ihre Suppenkreationen in extravagante Glanzpunkte Ihres Menüs zu verwandeln – für Genuss in seiner allerfeinsten Form. Schöpfen Sie aus dem Vollen!

Tipp: Egal, ob es eine klare Brühe oder eine Cremesuppe ist – mit Garnelen, frittierten Kräutern, Kartoffelstroh oder Kernen und Keimlingen als Einlage können Sie immer wieder überraschende Akzente setzen. Spielen Sie auch mit der Farbe der Zutaten, schichten Sie Gemüsesuppen in verschiedenen Sämigkeitsstufen im Glas, um die optischen Reize völlig auszuschöpfen. Und wer es gerne so richtig experimentell mag, serviert die Suppe einfach mal in einer Einwegspritze.

Paprikacremesuppe

Geflügelbrühe
Sahne
Paprika
Schalotten
Thymian
Rosmarin

Paprikacremesuppe

Zutaten für 4 Portionen

3 Schalotten
je 800 g rote, gelbe und grüne Paprikaschoten
3 EL Olivenöl
3 Zweige Thymian
3 Zweige Rosmarin
Zucker
1,2 l Geflügelbrühe
600 ml Sahne
Salz
Pfeffer

Zubereitung

Die **Schalotten** einzeln fein würfeln. Die **Paprikasorten** entkernen, putzen und getrennt nach Farben grob schneiden. Jede Sorte mit 1 gewürfelten Schalotte in **Olivenöl** andünsten, jeweils 1 **Thymian-** und **Rosmarinzweig** zufügen und mit 1 Prise **Zucker** bestreuen. Den Zucker karamellisieren lassen, mit je 400 ml gut gewürzter **Geflügelbrühe** aufgießen und 10 Minuten köcheln lassen.

Den Topfinhalt mit einem Küchenmixer ganz fein pürieren und durch ein Sieb jeweils in einen sauberen Topf passieren. Jede Suppe mit 200 ml **Sahne** verfeinern, aufkochen und mit **Salz** und **Pfeffer** abschmecken. Nun haben Sie 3 köstliche Suppen in unterschiedlichen Farben.

Anrichten

Sie benötigen 3 Messbecher und eine dritte helfende Hand. Halten Sie die 3 gefüllten Messbecher über einen großen tiefen Teller, zählen Sie bis drei und gießen gleichzeitig die Flüssigkeiten hinein.* Mit einem Holzspieß können Sie jetzt noch fantasievolle Muster auf der Oberfläche ziehen.

Tipp

* Für ein perfektes Ergebnis muss die Konsistenz der Suppen gleich sein. Prüfen Sie deren Beschaffenheit auf einem kleinen Teller: Die Suppen dürfen nicht ineinander verlaufen. Sollte eine Suppe flüssiger sein, fügen Sie ein Stück gekochte, durchgepresste Kartoffel hinzu – die Kartoffelstärke bindet auf natürliche Weise – und pürieren sie das Ganze noch einmal.

Tipp

Diese pikante Suppe harmoniert gut mit Meeresfrüchten und Fisch, ist aber auch mit Geflügel unglaublich köstlich.

Eine ideale Ergänzung sind gebratene Riesengarnelen. Für mehr Abwechslung und eine wahre Geschmacksexplosion auf der Zunge sorgen zudem andere Gewürze. Also experimentieren Sie immer wieder – beispielsweise mit Chili, Curry, 1 Prise Zimt oder gerösteten Mandeln.

1

2

3

Shooter von grünem Spargel mit Vanilleschaum

Brühe
grüner Spargel
Schalotten
Weißwein
Vanille
Vollmilch

Shooter von grünem Spargel mit Vanilleschaum

Zutaten für 4 Portionen

Für die Spargelsuppe

300 g grüner Spargel
2 Schalotten
Olivenöl (zum Andünsten)
30 ml trockener Weißwein
420 ml Gemüse- oder Geflügelbrühe
Salz
Zucker
Pfeffer

Für den Vanilleschaum

½ Vanilleschote
100 ml frische Vollmilch

Möhrenstroh

Zubereitung

Das untere Drittel vom **grünen Spargel** schälen, die Ende abschneiden, dann die Stangen in Stücke schneiden. Die **Schalotten** schälen, fein würfeln und in **Olivenöl** glasig andünsten. Die Spargelstücke zufügen, mit **Weißwein** ablöschen, mit **Brühe** auffüllen und zum Kochen bringen.

Sobald der Spargel weich ist, die Suppe mit einem Pürierstab ganz fein mixen und durch ein Spitzsieb passieren. Mit **Salz**, **Zucker** und frisch gemahlenem **Pfeffer** abschmecken.

Für den Vanilleschaum das Mark der halben **Vanilleschote** herauskratzen und in die **Milch** geben. Zum Aromatisieren ein wenig Spargelsuppe in die Milch geben, auf ca. 60 Grad erhitzen, dabei kräftig aufschlagen und aufschäumen lassen.*

Milch vom Herd nehmen und noch etwas weiterschlagen.

Tipp

* Einen perfekten Schaum erhalten Sie, wenn dabei möglichst viel Luft untergeschlagen wird. Verwenden Sie dafür entweder einen Schneebesen, den Sie in Form einer Acht kräftig hin und her schlagen, oder einen elektrischen Milchaufschäumer.
Ein Trick: die Milch eiskalt auf den Herd stellen, so haben Sie wesentlich mehr Zeit zum Aufschlagen, bis die 60 Grad erreicht sind. Eine andere Methode: die kalte Milch nicht direkt in einem Topf erwärmen, sondern in einem Schlagkessel über dem heißen Wasserbad.

Anrichten

Füllen Sie die Spargelsuppe in kleine hohe Gläser. Geben Sie der Suppe eine Krone aus Milchschaum. Dekorieren Sie den Shooter mit etwas frittiertem **Möhrenstroh**.**

Tipp

** Für das Möhrenstroh schneiden Sie eine dicke Möhre der Länge nach in ca. 2 mm dicke Scheiben und diese wiederum in feine lange Streifen, die Sie bei 160 Grad in Öl frittieren. Auf Küchenpapier abtropfen lassen und abschließend mit Salz und Cayennepfeffer würzen.

Servieren Sie den Shooter als kleines Appetithäppchen oder zu gebratenem Spargel als Vorspeise.

Übrigens: Dieses feine Süppchen im Glas eignet sich auch wunderbar für ein Flying-Buffet.

Hühnersuppe

Zutaten für 4 Portionen

1 Huhn (ca. 1,2 kg)
1–2 TL Salz
Pfefferkörner
1 mittelgroße Zwiebel
¼ Knollensellerie
1 große Möhre
1 Stange Porree
3 Stiele Petersilie

Zubereitung

Das **Huhn** kurz unter kaltem Wasser abspülen und in einen großen Topf legen.* Den Topf mit kaltem Wasser füllen, bis das Huhn bedeckt ist, **Salz** und einige **Pfefferkörner** hinzufügen.**

Das Wasser langsam erhitzen, bis die Brühe kocht und der erste Duft die Luft durchzieht. An der Oberfläche der Brühe gerinnt das Eiweiß des Huhns – diesen Schaum mehrmals abschöpfen.

Inzwischen **Zwiebel**, **Sellerie** und **Möhre** schälen, den **Porree** halbieren, den Sand abwaschen und alles grob schneiden.

Nach ca. 1 Stunde das **Gemüse** zufügen und 30 Minuten mitkochen – so bleibt das Gemüse fest und kann ebenfalls als Einlage für die Suppe verwendet werden. Zum Schluss die **Petersilie** mitkochen. ***

Anrichten

Nun die Brühe in vorgewärmte Teller gießen und beispielsweise mit frisch gehackter Petersilie, Suppennudeln, Reis dekorieren – oder genießen Sie die Hühnersuppe einfach pur.

Tipps

* Für eine Hühnersuppe verwende ich immer ein frisches junges Hähnchen – am liebsten ein Masthähnchen mit jungem Muskelgewebe, weil es später eine wunderbare Suppeneinlage ergibt. Die Suppenhühner, die üblicherweise den Weg in die Fleischtheke finden, sind zwar würzig und aromatisch, haben aber zähes Fleisch. Kein Wunder, denn diese Hühner sind meistens alte Hennen, die keine Eier mehr legen.

** Die Pfefferkörner fülle ich in einen Teebeutel und verknote ihn, bevor er in den Topf kommt. Der Vorteil: Am Schluss kann ich den Beutel problemlos entfernen und muss nicht jedes Pfefferkorn einzeln aus der Brühe fischen.

*** Bei den Gewürzen können Sie variieren, je nachdem, was Ihnen am besten schmeckt. Seien Sie ruhig experimentierfreudig: Geben Sie mal getrocknete Pilze, Lorbeer oder Piment dazu!

Geflügel-Consommé mit Farfalle und Erbsen

Hühnerflügel
Geflügelbrühe
Farfalle
Zucchini
Möhren
Porree
Kerbel

Geflügel-Consommé mit Farfalle und Erbsen

Zutaten für 4 Portionen

Für die Consommé

400 g Klärfleisch
(beim Metzger vorbestellen)
100 g Möhren
(fein geschnitten)
100 g Porree
(fein geschnitten)
2 Eiweiß
250 g Hühnerflügel
2 l Geflügelbrühe
Kerbel
Salz

Für die Einlage

100 g Farfalle-Nudeln
100 g Zucchini
100 g Möhren

Zubereitung

Den Backofen auf 200 Grad vorheizen.

Das **Klärfleisch** mit **Möhren**, **Porree**, **Eiweiß** und 400 ml Wasser vermengen und 1 Stunde kalt stellen. Inzwischen die **Hühnerflügel** waschen, trocken tupfen und im heißen Backofen ohne Fett braun rösten.*

Das kalte Klärfleisch und die angerösteten Hühnerflügel in einen Topf geben und mit der **Geflügelbrühe** auffüllen. Alles unter ständigem Rühren langsam zum Kochen bringen.**

Ab einer Temperatur von 70 Grad gerinnt das Eiweiß, es bindet alle in der Brühe schwebenden Teilchen und steigt mit den übrigen Zutaten als feste Schicht an die Oberfläche. Der Klärvorgang ist jetzt abgeschlossen. Ab diesem Zeitpunkt darf die Brühe nicht mehr gerührt werden oder stark kochen, denn das würde sie trüben!

Tipps

* Röststoffe sind Aromastoffe – die Consommé bekommt durch sie eine schönere Farbe und wird gehaltvoller.

** Das Rühren ist hier besonders wichtig, denn das Eiweiß wird in der gesamten Brühe verteilt und es brennt nichts an.

Um das volle Aroma aus dem Klärfleisch zu bekommen, die Brühe noch 1 weitere Stunde ganz leicht köcheln lassen. Abschließend die Consommé vorsichtig durch ein Küchentuch passieren.

Die fertige Consommé mit **Kerbel** nochmals aufkochen und mit **Salz** abschmecken. Das Ergebnis ist eine sehr aromatische und völlig fettfreie Brühe.

Für die Einlage die **Farfalle** in kochendem Salzwasser bissfest garen. Aus **Zucchini** und **Möhren** mit einem Kugelausstecher kleine Perlen ausstechen und in kochendem Salzwasser blanchieren.

Anrichten

Servieren Sie die Consommé in tiefen Tellern mit 3–5 Nudeln und reichlich Gemüseperlen – und Sie erleben Löffel für Löffel puren Genuss!

Gemüse

In Aromen schwelgen

Die moderne Gemüseküche ist frisch, jung und lässt viel Raum für kulinarische Köstlichkeiten, die sogar leidenschaftliche Fleischesser zum Schwärmen bringen: Wickeln Sie Ihre Gäste doch mal mit einem raffinierten Zucchinistrudel um den Finger oder zaubern Sie aus farbenprächtigen Gemüsesorten eine filigrane Architektur auf den Teller.

Auf den folgenden Seiten möchte ich Sie nicht nur mit einigen ausgewählten Rezepten begeistern, sondern gebe Ihnen Tipps aus der Profiküche, wie Gemüse seine Form, Farbe und sein Aroma behält. Und wie Sie auch einfache Gerichte effektvoll aufpeppen und sternemäßig stylen können. Wetten, dass niemand das Fleisch vermissen wird?

Frische Farben und gesunde Vitamine, die Appetit machen

Ernährungsphysiologisch betrachtet besteht Gemüse aus Kohlenhydraten, Proteinen, Wasser, Vitaminen, Mineralien und wenig Fett. Da jedoch besonders Vitamine und Mineralstoffe sehr hitzeempfindlich sind, führt ein Übergaren schnell zum Verlust von Inhaltsstoffen und Farbe. Doch nicht jedes Gemüse schmeckt roh, und andere werden durch bestimmte Garmethoden überhaupt erst bekömmlich.

Die Lösung heißt blanchieren – Gemüse behält seine schöne Farbe, der Geschmack geht nicht verloren und die Nährstoffe bleiben weitgehend erhalten. Und was so kompliziert klingt, ist denkbar einfach: Sie benötigen kochendes Salzwasser sowie eine Schüssel mit Eiswasser. Das Gemüse lassen Sie für eine kurze Zeit in dem sprudelnd kochenden Wasser garen. Dann mit der Schaumkelle aus dem Topf nehmen und direkt im Eiswasser herunterkühlen. Besonders auf den letzten Arbeitsschritt kommt es an, denn würde man das Gemüse nicht abschrecken, wird die Hitze im Inneren des Gemüses gespeichert und das Gemüse gart weiter.

Tipp: Kräftigere, robustere Gemüsesorten – dazu gehört Kohl – etwa 5–8 Minuten kochen. Feinere Sorten wie beispielsweise Möhren und Zuckerschoten benötigen lediglich 3–5 Minuten im kochenden Wasser. Um Verfärbungen zu vermeiden, kochen Sie immer nach Farben. Beginnen Sie also mit weißem Gemüse und beenden Sie den Vorgang mit den grünen Sorten.

Kurz vor dem Servieren genügt es, die einzelnen Sorten zu erwärmen – am besten in heißer Brühe.

Tipp: Sollten Sie nicht genügend Platz auf dem Herd haben, setzen Sie ruhig die Mikrowelle ein. Brokkoli- oder Blumenkohlröschen sind so innerhalb von 10 Sekunden heiß.

Einen besonders schönen Glanz erhält Gemüse beim Andünsten in wenig Butter oder Öl und bei geringer Hitze. Dabei verliert das Gemüse etwas vom eigenen Saft, der sich wiederum mit dem Fett vermischt und das Gargut mit purem und reinem Geschmack umschließt.

Ziegenfrischkäse
Thymian
Zitrone
Himbeeren
Möhren
Zucchini
Bohnen
Kirschtomaten
Spargel
Paprika

Ziegenfrischkäse-Soufflé mit Himbeeren auf italienischem Gemüsesalat

Ziegenfrischkäse-Soufflé mit Himbeeren auf italienischem Gemüsesalat

Zutaten für 4 Portionen

Für das Ziegenfrischkäse-Soufflé

200 g Ziegenfrischkäse
3 Eier (getrennt)
1 EL Thymianblättchen
abgeriebene Schale von **1** Zitrone
Salz
Pfeffer
Butter (für die Förmchen)
Zucker (für die Förmchen)
100 g frische Himbeeren
20 g Himbeerkonfitüre (ohne Kerne)
1 TL Speisestärke
Puderzucker (zum Bestäuben)

Für den Gemüsesalat

100 g Möhren
100 g Zucchini
100 g rote Paprikaschote
50 g Kirschtomaten
100 g grüner Spargel
50 g grüne Bohnen
Olivenöl (zum Braten)
Salz
Pfeffer

5 EL Vinaigrette*
3 EL Pesto*
3 EL Schnittlauchröllchen

Zubereitung

Den Backofen auf 250 Grad vorheizen.

Den **Ziegenfrischkäse** mit **Eigelben**, **Thymianblättchen** und **Zitronenschale** glatt rühren, mit **Salz** und **Pfeffer** abschmecken. Das **Eiweiß** mit 1 Prise Salz aufschlagen, bis es steif ist, und dann vorsichtig unter die Käsemasse ziehen.*

Die Förmchen mit **Butter** einfetten, mit **Zucker** ausstreuen und 10 Minuten ins Gefrierfach stellen. Inzwischen die **Himbeeren** verlesen und mit der **Konfitüre** pürieren, durch ein Sieb streichen und in einem kleinen Topf aufkochen.

Die **Speisestärke** mit 1 EL Wasser glatt rühren. Das Himbeerpüree mit der Stärke binden, bis es eine sämige Konsistenz hat. Dann auskühlen lassen.

Die Soufflé-Förmchen aus dem Gefrierfach nehmen. Mit einem kleinen Backpinsel das Himbeerpüree in 7 ca. 1 cm breiten Streifen im inneren Rand auftragen. Die Förmchen erneut für 10 Minuten ins Gefrierfach stellen. Diesen Vorgang insgesamt noch 1–2-mal wiederholen, bis eine schöne Schicht Himbeerpüree am Rand klebt. Nun die Soufflé-Masse bis oben in die kalten Förmchen füllen und die Soufflés 20 Minuten auf der mittleren Schiene im vorgeheizten Ofen bei 200 Grad garen.**

Tipp

* Um einen perfekten Eischnee zu erhalten, nehmen Sie die Eier mindestens 1 Stunde vor der Zubereitung aus dem Kühlschrank, denn das Eiweiß lässt sich besser zu Eischnee verarbeiten, wenn es auf Zimmertemperatur erwärmt ist.

** Seien Sie nicht zu neugierig und öffnen Sie während des Backens niemals die Ofentür, da durch den plötzlichen Temperatursturz das Soufflé sofort in sich zusammenfällt. Aus dem gleichen Grund sollten Sie beim Anrichten der Soufflés unbedingt offene Fenster und Durchzug im Raum vermeiden.

Inzwischen **Möhren**, **Zucchini** und **Paprika** waschen, putzen und klein schneiden. Die **Kirschtomaten** halbieren und den Stielansatz entfernen. Die Enden vom **Spargel** abschneiden, Spargel im unteren Drittel schälen und schräg schneiden. Spargel, Möhren und **grüne Bohnen** nacheinander in kochendem **Salz**wasser bissfest blanchieren und abschrecken.

Eine Pfanne erhitzen und die einzelnen Gemüsesorten – bis auf Tomaten und Bohnen – in **Olivenöl** anbraten und mit Salz und **Pfeffer** würzen.***

Gemüse in einer großen Auflaufform verteilen, mit der **Vinaigrette** und 2 EL **Pesto** vermischen und eventuell noch einmal abschmecken. Mischen Sie erst kurz vor dem Anrichten die Schnittlauchröllchen unter den Salat, damit sie nicht durchweichen.

Tipp

*** Süßgemüse wie Spargel, Zuckerschoten oder Möhren können Sie außerdem mit 1 Prise Zucker würzen. Übrigens: Sie erzielen das beste Ergebnis, wenn Sie alle Gemüsesorten einzeln braten, denn Röststoffe sind Aromastoffe. Braten Sie niemals zu viel auf einmal an, da der Pfannenboden sonst zu sehr auskühlt und die Zutaten nur noch vor sich hin kochen. Die Temperatur ist genau richtig, wenn es in der Pfanne etwas zischt und rauscht.

* Ein Vinaigrette- und ein Pesto-Rezept finden Sie in meinem Buch: **schöner kochen: kalte Küche** auf Seite 99 bzw. 101.

Anrichten

Die heißen Soufflés in den Förmchen auf vorgewärmte Teller setzen und mit etwas Puderzucker bestäuben. Daneben den Salat mithilfe eines großen Löffels anrichten und das restliche Pesto auf den Tellern verteilen. Servieren Sie dazu ein paar Scheiben Olivenbrot oder Ciabatta – einfach lecker!

Zucchinistrudel

Zucchini
Schalotten
Möhre
Kirschtomaten
Thymian

Zucchinistrudel

Zutaten für 4 Portionen

400 g grüne Zucchini
Olivenöl (zum Anbraten)
2 Schalotten
4 Zweige Thymian
Salz
Pfeffer
4 EL Weißbrot (frisch gerieben)
50 g Möhre
100 g Kirschtomaten
4 EL Vinaigrette*
4 EL Schnittlauch

Für den Strudelteig
150 g Mehl
20 g Olivenöl
100 g flüssige Butter (zum Bestreichen)
Mehl (zum Bestäuben)

frische Kräuter (zum Garnieren)

Zubereitung

Den Backofen auf 200 Grad vorheizen.

200 g **Zucchini** waschen, in kleine Würfel schneiden und in einer Pfanne in **Olivenöl** anbraten. Die fein gewürfelten **Schalotten** und **Thymian** zufügen, mit **Salz** und **Pfeffer** würzen. Alle Zutaten in einer Schüssel auskühlen lassen, dann das **Weißbrot** untermengen.

Für den Strudelteig **Mehl**, 75 ml Wasser und **Olivenöl** für den Strudelteig schnell zu einem glatten Teig verkneten.* Nach einer Ruhezeit von 30 Minuten den Teig auf einer bemehlten Arbeitsfläche dünn ausrollen und auf ein großes Küchentuch legen.

Tipp

* Sie können selbstverständlich auch gekauften Strudelteig verwenden.

1

2

Die Zucchinimasse darauf verteilen, dann den Teig mithilfe des Tuchs gleichmäßig aufrollen. Den Strudel mit der flüssigen **Butter** einstreichen und im Ofen 20 Minuten backen.

Die restlichen **Zucchini** waschen, der Länge nach in Scheiben schneiden und kurz blanchieren.**
Möhre schälen, würfeln und ebenfalls blanchieren. Die **Kirschtomaten** waschen und halbieren.

Tipps

** Wenn Sie Süßgemüse wie Möhren, Spargel oder Zuckererbsen blanchieren, fügen Sie dem Wasser immer 1 Prise Zucker bei – das erhöht den Geschmack.

* Ein Vinaigrette-Rezept finden Sie in meinem Buch: **schöner kochen: kalte Küche** auf Seite 99.

Anrichten

Marinieren Sie die Zucchini mit etwas **Vinaigrette** in einer Schüssel. Zucchinischeiben wie einen Fächer auf Tellern anrichten. Schneiden Sie den heißen Strudel schräg auf, bestäuben Sie die Oberfläche mit etwas **Mehl**, so erhält er die Optik von frisch gebackenem Brot. Den Strudel auf dem Zucchinifächer anrichten. Zum Schluss Kirschtomaten und Möhrenwürfel auf den Tellern verteilen, **Schnittlauch** darüberstreuen und mit der restlichen Vinaigrette nappieren. Mit frischen **Kräutern** garnieren – ein traumhafter Genuss. Guten Appetit!

Aubergine
Zucchini
Spargel
Frühlingszwiebeln
Bohnen
Blumenkohl
Zuckerschoten
Kirschtomaten

Gemüseteller

Gemüseteller

Zutaten für 4 Portionen

200 g Aubergine
200 g Zucchini
250 g grüner Spargel
250 g weißer Spargel
4 Frühlingszwiebeln
250 g grüne Bohnen
100 g Dicke Bohnen
200 g Blumenkohl
80 g Zuckerschoten
80 g Kirschtomaten
100 g Maiskolben
Salz
Olivenöl
Pfeffer
(nach Geschmack)

Zubereitung

Alle Gemüsesorten waschen und putzen. Die Aubergine in Scheiben schneiden, von beiden Seiten kräftig mit **Salz** bestreuen und einige Minuten ruhen lassen.*

Die übrigen Gemüsesorten, soweit nötig beziehungsweise gewünscht, klein schneiden und anschließend in Salzwasser blanchieren oder in **Olivenöl** braten.**

Tipp

* Das Salz wirkt hygroskopisch, das heißt, es entzieht der Aubergine Wasser, was in diesem Fall gewollt ist, denn so wird die Aubergine nach dem Braten weicher und saugt nicht so viel Öl auf.

1

2

Tipp

** Ich brate Blumenkohl in Olivenöl an, bis er den richtigen Biss hat. Sie können ihn aber auch ganz klassisch blanchieren. Normalerweise blanchieren Sie zuerst helles und dann dunkleres Gemüse, um Verfärbungen zu vermeiden. Aber keine Empfehlung ohne Ausnahme – und die mache ich beim Blumenkohl: Nach dem Blanchieren hat das Kochwasser nämlich ein so starkes Kohlaroma angenommen, das die feinen Aromen von Möhre, Mais oder Spargel beeinträchtigt würden. Blanchieren Sie deshalb Blumenkohl am besten zum Schluss oder separat.

Anrichten

Stapeln Sie die gebratenen und blanchierten Gemüsesorten auf großen Tellern. Beginnen Sie dabei mit den Auberginenscheiben und beenden Sie Ihre Gemüsekreation mit dem kleineren Gemüse wie Zuckerschoten und Kirchtomaten – mit dieser leckeren farbenfrohen Mischung bringen Sie abwechslungsreichen Geschmack auf den Tisch, dem wirklich keiner widerstehen kann.

3

4

Spargelpfannkuchen mit Sesam und Mangosoße

Eier
Mehl
Milch
Spargel
Sesam
Mango
Grand Marnier
Crème fraîche

Spargelpfannkuchen mit Sesam und Mangosoße

Zutaten für 4 Portionen

Für die Spargelpfannkuchen

4 Eigelb
200 g Mehl
250 ml Milch
6 Eiweiß
Salz
500 g grüner Spargel
Olivenöl (zum Anbraten)
Zucker
Pfeffer
4 EL geklärte Butter
1 TL Sesamsamen

Für die Mangosoße

1 Mango
50 ml Grand Marnier
125 ml Gemüse- oder Geflügelfond
100 g Crème fraîche
Salz
Pfeffer
Currypulver
einige Kerbelblättchen

100 g Wildspargel

Zubereitung

Den Backofen auf 200 Grad vorheizen.

Eigelbe mit dem gesiebten **Mehl** und der **Milch** glatt rühren. Das **Eiweiß** mit dem Schneebesen steif schlagen.*

Den Eischnee vorsichtig unter die Eigelbmasse heben und mit 1 Prise **Salz** würzen.**

Den grünen **Spargel** im unteren Drittel schälen, die Enden abschneiden und jede Stange schräg dritteln. Den rohen Spargel in **Olivenöl** kräftig anbraten, mit **Salz**, **Zucker** und frisch gemahlenem **Pfeffer** abschmecken. Der Spargel soll noch knackig sein und Biss haben.

Etwas **Olivenöl** in einer beschichteten Pfanne erhitzen, den Pfannkuchenteig mit einer Kelle einfüllen und auf mittlerer Hitze langsam anbraten. Sobald der Pfannkuchen an der Unterseite fest zu werden beginnt, den gebratenen Spargel gleichmäßig darauf verteilen, mit **Sesam** bestreuen. Sollte der Pfannkuchen am Pfannenboden kleben, fügen Sie je 1 EL **geklärte Butter***** hinzu und warten Sie, bis sich der Pfannkuchen löst. Pfannkuchen im vorgeheizten Ofen ca. 8–10 Minuten fertig backen.****

Tipps

* Das Eiweiß wird schneller fest, wenn Sie 1 Tropfen Zitronensaft zufügen.

** Sie können die Masse nach Belieben auch mit Kräutern verfeinern. Veredeln Sie beispielsweise den Teig mit etwas Zitronenverbene.

*** Geklärte Butter kann stärker erhitzt werden, ohne zu verbrennen, und die Speisen erhalten eine schöne braune Färbung.
So stellen Sie geklärte Butter selbst her: Bringen Sie 250 g Butter langsam zum Kochen und lassen sie 2 Minuten köcheln. Dabei verdunstet das Wasser, das in der Butter enthaltene Eiweiß gerinnt und bildet an der Oberfläche ein Schaum, den Sie vorsichtig abschöpfen können.

**** Durch den hohen Eiweißanteil und das Fertiggaren im Backofen soufflíert der Teig wunderbar und verdoppelt so sein Volumen.

Für die Soße die **Mango** schälen, mit einem Messer das Fruchtfleisch vom Stein lösen, grob in Stücke schneiden, mit **Grand Marnier** und **Fond** aufkochen und 10 Minuten köcheln lassen.

Crème fraîche hinzugeben und nochmals aufkochen. Die Soße mit dem Pürierstab oder im Küchenmixer fein pürieren, durch ein Spitzsieb passieren und mit **Salz**, frisch gemahlenem **Pfeffer** und 1 Prise **Currypulver** abschmecken.

Den **Wildspargel** kurz vor dem Anrichten blanchieren.

Anrichten

Heben Sie die Pfannkuchen mit einer Palette auf vorgewärmte Teller und dekorieren Sie diese mit Wildespargel und Kerbelblättchen. Reichen Sie die warme Mangosoße dazu. Einfach lecker!

1

2

Pasta

Nudeln in Bestform

Alle lieben Pasta – von Spaghetti bis Zitoni, von Rot bis Schwarz –, es gibt beinahe unzählige Sorten, die vielseitige und abwechslungsreiche Gerichte ermöglichen. Neben Klassikern wie Spaghetti bolognese variiert die Nudelküche von einfach bis raffiniert. Pasta schmeckt mit Tomaten- und Sahnesoße, mit Pesto, Fleisch, Fisch und Meeresfrüchten, mit Gemüse und Pilzen. Nudeln passen zu jeder Gelegenheit – als Beilage oder als Hauptspeise – und lassen sich vielseitig zubereiten.

In diesem Kapitel stelle ich Ihnen drei außergewöhnliche Pasta-Kreationen vor, mit denen Sie La Dolce Vita direkt auf den Teller zaubern – einfach, lecker und immer gut.

Tipp: Die jeweilige Nudelform beeinflusst den Geschmack. Beispielsweise nehmen gedrehte Nudeln mit ihren vielen Rundungen mehr Soße auf als flache Bandnudeln. Wenn Sie unsicher sind, welche Nudelsorte zu welcher Soße passt, halten Sie sich am besten an folgende Grundregel: je gehaltvoller die Soße, desto breiter und dicker die Pasta.

Kürbis-Ravioli mit Honig und Paprika-Sabayon

Eier
Sepiafarbe
Hokkaido-Kürbis
Honig
Schalotten
Apfel
Paprika
Thymian

Kürbis-Ravioli mit Honig und Paprika-Sabayon

Zutaten für 4 Portionen

Nudelteig für die Ravioli
150 g Weizenmehl
50 g Hartweizengrieß
2 Eier
1 EL Olivenöl
Mehl (zum Bearbeiten)
Eigelb (zum Einstreichen)
Salz

Für den schwarzen Nudelteig
1 Pck. Sepiafarbe
1 Ei
100 g Mehl
1 EL Olivenöl

Für die Füllung
400 g Hokkaido-Kürbis
3 EL Olivenöl
40 g Honig
3 Schalotten
100 g Apfel
100 ml Brühe
Salz, Pfeffer
Muskat

Für das Paprika-Sabayon
200 g rote Paprikaschoten
300 ml Gemüsebrühe
2 Zweige Thymian
3 Eigelb
Salz, Pfeffer
Zucker

Zubereitung

Den Backofen auf 150 Grad vorheizen.

Für den Nudelteig* **Mehl** und **Hartweizengrieß** in einer Schüssel gut vermengen, nacheinander **Eier** und **Olivenöl** zugeben und mit der Küchenmaschine kneten, bis ein homogener Teig entsteht. Den Teig aus der Schüssel nehmen und auf einer bemehlten Arbeitsfläche mit den Händen glatt kneten. Den Nudelteig zu einer Kugel formen und in Frischhaltefolie gewickelt 30 Minuten im Kühlschrank ruhen lassen.**

Für den schwarzen Teig die **Sepiafarbe** mit dem **Ei** mischen.*** **Mehl** und **Olivenöl** hinzufügen und schnell zu einem glatten Teig verkneten.

Für die Füllung den **Hokkaido-Kürbis** waschen, putzen und in Stücke schneiden. Kürbis auf ein Backblech legen und mit 1 EL **Olivenöl** und **Honig** einpinseln. Im Backofen 30 Minuten garen, bis der Kürbis weich ist.

Schalotten und **Apfel** schälen, beides würfeln. In einer Pfanne 2 EL **Olivenöl** erhitzen und den Apfel mit den Schalotten darin anbraten. Kürbis, Schalotten und Apfel im Küchenmixer sämigen pürieren. Mit **Salz**, **Pfeffer** und **Muskat** abschmecken. Die Füllung beiseitestellen. Sollte das Püree nicht die gewünschte Konsistenz haben, verdünnen Sie es mit etwas Brühe oder Apfelsaft.

Tipps

* Natürlich können Sie Nudeln kaufen. Aber selbst gemachte Pasta ist ein besonderer Genuss. Der Aufwand lohnt sich auf jeden Fall – und so schwer ist es gar nicht. Frische Pasta besteht aus Mehl, Hartweizengrieß und Eiern. Der Teig wird von Hand oder mit der Küchenmaschine geknetet und ausgerollt.

** Weizenmehl enthält Glutenin, ein Protein, das sehr quell- und bindefähig ist. Das Ruhen des Nudelteigs ist für diesen Prozess sehr wichtig.

*** Am besten ziehen Sie hierfür Gummihandschuhe an, denn die flüssige Sepiafarbe lässt sich nur sehr schwer von den Händen abwaschen. Die gute Nachricht: Sobald die Farbe mit dem Mehl verbunden ist, färbt sie nicht mehr ab.

Die Pastamaschine mit **Mehl** bestäuben, den hellen Teig in 4 Stücke teilen und zu Rechtecken kneten. Diese 8–10-mal durch die Maschine drehen, dabei immer wieder auf die Hälfte falten. Falls der Teig noch zu klebrig ist, etwas Mehl zugeben. Nun den Walzenabstand verringern und die Stücke zu langen dünnen Rechtecken ausrollen. Diese leicht mit Mehl bestäuben und mit einem Küchentuch abdecken, damit der Teig nicht austrocknet.

Den schwarzen Teig ebenfalls ausrollen und mit der Schneidewalze zu Bandnudeln ausrollen. Die schwarzen Streifen in gleichmäßigen Abständen auf den hellen Teig legen und mit einem Nudelholz andrücken. Abschließend nochmals durch die Maschine walzen.

Eine Nudelplatte mit den Sepiastreifen nach unten auf die Arbeitsplatte legen. Mit einem Ausstecher auf der halben Plattenlänge Ravioli markieren. Das Kürbispüree jeweils in der Mitte platzieren. Den Teigrand um die Füllung herum mit **Eigelb** einstreichen und die freie Plattenhälfte darüberklappen. Mit dem Ausstecher Ravioli ausschneiden, diese dann in Salzwasser kochen.

Für das Sabayon **Paprikaschoten** putzen, waschen und in Würfel schneiden. Paprikawürfel in der **Brühe** mit dem **Thymian** etwa 10 Minuten kochen. In einer Küchenmaschine pürieren und anschließend durch ein Spitzsieb in eine Schüssel passieren. Erkalten lassen und **Eigelbe** zugeben. Nun die Schüssel auf ein Wasserbad stellen und das Sabayon in Form einer Acht kräftig aufschlagen – je mehr Luft Sie unterschlagen, desto voluminöser wird das Sabayon. Mit **Salz**, **Pfeffer** und **Zucker** abschmecken. Ganz wichtig ist es, das Sabayon vom Herd zu nehmen, bevor das Eigelb ausflockt und gerinnt. Das geschieht bei einer Temperatur von ca. 70 Grad, also niemals bis zum Siedepunkt aufschlagen, sondern vorher den Kochprozess unterbrechen.

Anrichten

Ziehen Sie das Sabayon mithilfe eines Löffels über die Teller und setzen jeweils mittig 3–4 Ravioli darauf. Nach Belieben mit frischen Basilikumblättern oder Lavendelblüten dekorieren – fertig. Ein perfekter Pasta-Genuss ohne Wenn und Aber!

(Fotoanleitung auf den nächsten Seiten)

1

2

3

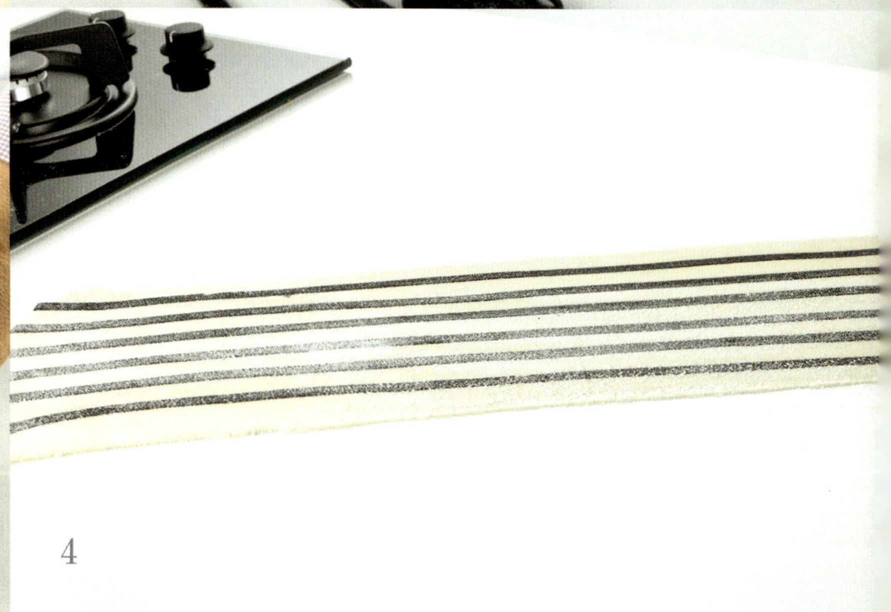

4

5

6

7

8

9

10

11

12

Makkaroni
Schalotten
Weißwein
Sahne
Kirschtomaten
Rucola
Kräuter der Saison

Makkaroni mit Rucola, Kirschtomaten und Weißweinschaum

Makkaroni mit Rucola, Kirschtomaten und Weißweinschaum

Zutaten für 4 Portionen

2 Schalotten
2 EL Olivenöl
100 ml Weißwein
200 ml Brühe
100 ml Sahne
Salz
Pfeffer
200 g Makkaroni
10 Kirschtomaten
50 g Butter
1 Bund Rucola
Kräuter der Saison
(z. B. Kerbel, Basilikum, Oregano)

Zubereitung

Die **Schalotten** schälen und fein würfeln. Das **Olivenöl** in einem Topf erhitzen, **Schalotten** darin glasig andünsten, mit **Weißwein** ablöschen und 2 Minuten kochen lassen.

Die **Brühe** mit der **Sahne** zugießen und die Soße auf die Hälfte reduzieren.* Mit **Salz** und **Pfeffer** abschmecken.

Die **Makkaroni** in kochendem Salzwasser bissfest garen, in ein Sieb geben und abtropfen lassen.**

Die **Kirschtomaten** halbieren. **Butter** in einer Pfanne schmelzen. Die Nudeln hineingeben und durchschwenken, mit Salz und Pfeffer abschmecken. Kirschtomaten und zwei Drittel vom **Rucola** untermengen.

Tipps

* Wenn Ihnen die Konsistenz der Soße zu flüssig ist, einfach mit etwas Speisestärke binden, die Sie vorher in kaltem Wasser aufgelöst haben.

** Gehört denn nun etwas Öl ins Nudelwasser oder nicht? Ganz ehrlich: Da scheiden sich die Geister.
Meine Meinung: auf Öl verzichten, denn es verhindert später nur, dass sich die Soße mit der Pasta verbindet. Außerdem sind ölige Nudeln sehr schwer zu bändigen, beim Anrichten rutschen Sie permanent von der Gabel und hinterlassen überall einen Ölfilm.

Ist die Pasta fertig gekocht, lohnt es sich, beim Abgießen etwas Nudelwasser aufzuheben: Es gibt Soßen eine schöne Bindung und kann außerdem später eventuell verklebte Pasta trennen. Abschrecken sollten Sie Ihre Pasta dagegen nicht, sondern lieber gleich mit der fertigen Soße mischen und servieren.

Anrichten

Die Makkaroni zu einem Nudelnest formen und senkrecht von der Gabel in die Mitte auf vorgewärmte Teller gleiten lassen.*** Ein Nudelnest können Sie nur mit ganzen Nudeln machen! Also brechen Sie die Makkaroni nicht in der Mitte durch, weil sie sonst womöglich nicht in den Topf passen.

Die Kirschtomaten außen um das Nudelnest herumlegen, den restlichen Rucola darauf verteilen. Die Weinsoße mit dem Pürierstab aufschäumen und das Nudelnest damit nappieren. Mit **gehackten Kräutern** bestreuen.

Tipp

*** Bandnudeln bringen Sie am besten mit einer großen Fleischgabel in Form! Die Pasta in einem großen Topf zubereiten, die Fleischgabel vorsichtig hineinstechen und mit der zweiten Hand behutsam aufrollen. Zwischendurch die Gabel etwas anheben und erneut ein paar Nudeln aufrollen. Fixieren Sie die Pasta mit der Hand, während Sie sie auf dem Teller platzieren, und ziehen dann behutsam die Fleischgabel heraus – fertig ist ein perfekter Nudelwickel.

Lasagnenudeln
Spargel
Zuckerschoten
Olivenöl
Frühlingszwiebeln
Parmesan
Basilikum

Spargel-Lasagne mit Zuckerschoten

Spargel-Lasagne mit Zuckerschoten

Zutaten für 4 Portionen

8 Platten Lasagnenudeln
800 g grüner Spargel
200 g Zuckerschoten
6 EL Olivenöl
1 Bund Frühlingszwiebeln
Salz
Pfeffer
50 g geriebener Parmesan
2 Stiele Basilikum

Zubereitung

Die **Nudelplatten** in kochendem Salzwasser garen und halbieren.

Den **Spargel** im unteren Drittel schälen, Enden abschneiden. **Zuckerschoten** putzen und waschen. Spargel und Zuckerschoten nacheinander blanchieren. 2 EL **Olivenöl** in einer Pfanne erhitzen, die **Frühlingszwiebeln** putzen, quer halbieren oder dritteln und scharf anbraten. Mit **Salz** und **Pfeffer** würzen.

1

2

Anrichten

Je eine warme Nudelplatte auf einen Teller legen. Etwas Gemüse und dann ein weiteres Nudelblatt darauf platzieren.* Diesen Vorgang noch zweimal wiederholen, dabei jede Schicht mit Salz und Pfeffer würzen und mit einigen Tropfen Olivenöl beträufeln. Jetzt noch mit frisch geriebenem **Parmesan** und mit **Basilikumblättern** bestreuen – und Ihre Pasta-Komposition ist perfekt.

Tipp

* Wenn Sie es knuspriger mögen, verteilen Sie die gekochten Lasagneblätter auf Backpapier, bestreuen Sie diese mit dem geriebenen Parmesan und lassen den Käse 5 Minuten bei 160 Grad im Backofen gratinieren. Dann mit dem Gemüse schichten.

3

4

Fleisch

Zart und saftig

Die Zeiten, in denen ein Schnitzel fünf Zentimeter über den Tellerrand ragen musste, um als gut zu gelten, sind vorbei. Schön anrichten heißt: auf dem Teller Platz zum Essen lassen und mit liebevollen Dekorationen Besonderes, Erlesenes und nicht Alltägliches schaffen. So können selbst ewige Klassiker wie das Wiener Schnitzel auf ein edles Niveau gebracht werden und lassen Gourmetherzen höherschlagen.

Sie wollen bei Freunden und Verwandten mal so richtig Eindruck machen? Dann werden Sie zum Food-Architekten. In diesem Kapitel verrate ich Ihnen unter anderem, wie Rinderfilet auf dem Teller hoch hinaus kommt und wie Schweinefilet und Zucchinimantel eine perfekte Symbiose aus Geschmack und Optik bilden. Formen, gestalten und komponieren Sie mit mir zusammen neue Fleischgenüsse. Meine Garantie: Schon vor dem ersten Bissen wird es für Ihre kleinen Kunstwerke Komplimente hageln!

Entenbrust
Spitzkohl
Schalotten
Himbeeren
Kalbsjus
Gnocchi

Gebratene Entenbrust mit Spitzkohl und Himbeeren

Gebratene Entenbrust mit Spitzkohl und Himbeeren

Zutaten für 4 Portionen

Für den Spitzkohl
½ Spitzkohl (ca. 600 g)
4 Schalotten
30 g Butter
Salz
Muskat
Pfeffer
100 g Himbeeren

Für die Himbeer-Kalbsjus
2 Schalotten
2 EL Rapsöl
100 g Himbeeren
100 ml Kalbsjus
Salz
Pfeffer
Zucker

Für die Entenbrust
4 Entenbrüste
Salz
Pfeffer

Für die Gnocchi
500 g Kartoffeln
(gekocht und ausgedämpft)
1 Eigelb
1 EL Olivenöl
240 g Mehl (gesiebt)
Salz
Muskat

Zubereitung

Den **Spitzkohl** in Streifen schneiden und blanchieren. Die **Schalotten** schälen, würfeln und in **Butter** andünsten. Spitzkohl zugeben und 2 Minuten mitbraten. Mit **Salz**, **Muskat** und **Pfeffer** abschmecken.

Den Backofen auf 140 Grad vorheizen.

Für die Jus die **Schalotten** schälen, würfeln und in **Rapsöl** andünsten. **Himbeeren** zufügen, alles mit **Kalbsjus** mischen, aufkochen und pürieren. Mit **Salz**, **Pfeffer** und **Zucker** abschmecken.

Die **Entenbrüste** mit **Salz** und **Pfeffer** würzen.* Mit der Hautseite nach unten in eine kalte Pfanne legen und erst jetzt den Herd auf mittlerer Stufe einschalten. Wenn die Hautseite schön knusprig ist, die Temperatur erhöhen, Brüste wenden und anbraten. Zum Fertiggaren in den heißen Backofen geben.**

Entenbrüste aus dem Ofen nehmen und 2 Minuten ruhen lassen.***

Mit einem langen scharfen Messer die Entenbrüste jeweils in einem Schnitt und möglichst schräg schneiden – dadurch wirken die Fleischstücke größer und um ein Vielfaches eleganter.

Tipps

* Bei Enten gibt es einen Unterschied zwischen der Brust von weiblichen und männlichen Tieren. Die männliche ist zwar größer, doch lassen Sie sich nicht täuschen: Die Brust einer Ente liefert wesentlich zarteres Fleisch. Die Zubereitung einer Entenbrust ist komplett anders als bei einem Steak: Um eine krosse, knusprige Haut zu bekommen, brate ich die Entenbrust immer in einer kalten Pfanne an. Die Poren der Entenhaut bleiben bei dieser Methode lange geöffnet und das überschüssige Fett tritt aus – eine Zugabe von Bratfett ist deshalb nicht notwendig.

** Wie bei allen Fleischsorten mache ich die Garprobe mit einer Metallnadel, um zu prüfen, ob das Fleisch innen noch rosa ist.

*** Durch das Ruhen tritt beim Aufschneiden nicht so viel Fleischsaft aus.

Inzwischen die noch heißen **Kartoffeln** durch eine Presse drücken, etwas auskühlen lassen. **Eigelb** mit **Olivenöl** unterarbeiten und das **Mehl** löffelweise hineingeben. Alles verkneten, bis ein geschmeidiger Teig entstanden ist. Mit **Salz** und **Muskat** abschmecken. Aus dem Teig kleine Kugeln formen und mit einer Gabel etwas flach drücken, sodass ein Rillenmuster entsteht. Die Gnocchi in Salzwasser kochen, bis sie an der Oberfläche schwimmen, dann herausnehmen und in **Olivenöl** goldbraun braten.

Anrichten

Fächern Sie die Entenbruststücke in der Mitte von Tellern auf und setzen jeweils 2 Gnocchi sternförmig außen herum. Füllen Sie die Zwischenräume mit etwas Spitzkohl, **Himbeeren** zufügen und die Soße neben der Entenbrust auftragen. Schnell servieren und dieses Festmahl genießen.

Tipp

Damit die Gnocchi besonders schön werden und leicht glänzen, füge ich beim Braten noch etwas geklärte Butter *(siehe Tipp Seite 42)* hinzu.

1

2

3

Kalbsschnitzel
Eier
Zitrone
Drillinge
Parmesan
Salat
Orangendressing

Wiener Schnitzel mit Bratkartoffeln und Salat im Parmesankörbchen

Wiener Schnitzel mit Bratkartoffeln und Salat im Parmesankörbchen

Zutaten für 4 Portionen

Für die Schnitzel

600 g dünne Kalbsschnitzel
Salz
Pfeffer
400 g Weißbrot
3–4 Eier
Mehl (zum Panieren)
Butterschmalz (zum Braten)
1 Zitrone (in Spalten geschnitten)

Für die Bratkartoffeln

300 g Drillinge
Rapsöl (zum Braten)
4 EL Speck-Zwiebel-Panaché
(siehe Seite 144)
Salz
Pfeffer
2 EL gehackte Petersilie

Für den Salat

200 g Parmesan
150 g gemischten Salat
(Lollo bianco, Lollo rosso, Babyspinat)
5–6 EL Orangendressing*

Zubereitung

Die **Schnitzel** mit einem Fleischklopfer flach klopfen, mit **Salz** und **Pfeffer** würzen.*

Das **Weißbrot** in der Küchenmaschine fein reiben. Die **Eier** aufschlagen. **Mehl**, Eier und Weißbrot zum Panieren bereitstellen. Die Schnitzel erst in Mehl wenden, leicht abklopfen. Anschließend in den Eiern und zum Schluss im Weißbrot wenden. Die Panierung nicht andrücken, sie sollte möglichst trocken bleiben.

Butterschmalz in einer Pfanne erhitzen. Die Schnitzel darin unter mehrmaligem Wenden backen, bis sie goldbraun sind.**

Den Backofen auf 180 Grad vorheizen.

Die ungeschälten **Drillinge** in dünne Scheiben schneiden und in einer großen Pfanne in **Rapsöl** von jeder Seite goldbraun braten, **Speck-Zwiebel-Panaché** hinzufügen. Mit **Salz** und **Pfeffer** würzen.***

Tipps

* Das beste Ergebnis erzielen Sie, wenn Sie das Fleisch zwischen zwei Frischhaltebeutel legen, denn so wird die Fleischfaser beim Klopfen geschont.

** Ganz wichtig: Die Schnitzel müssen in heißem Öl schwimmen. Und um die typische Panierung eines Wiener Schnitzels zu bekommen, müssen Sie die Pfanne während des Bratens permanent hin und her schwenken. Dadurch geht die Panierung etwas auf und verformt sich zu dem charakteristischen Wellenmuster.

*** Seien Sie bitte vorsichtig beim Salzen der Bratkartoffeln. Der Speck hat einen relativ starken Eigengeschmack mit einer natürlichen salzigen Würze, die durch das Braten verstärkt wird.

* Ein Orangendressing-Rezept finden Sie in meinem Buch **schöner kochen: kalte Küche** auf Seite 100.

Den **Parmesan** fein reiben und kreisrund auf dem Backpapier verteilen. Der Durchmesser der Kreise sollte der Größe der Schüssel oder Tasse entsprechen, in der der heiße Parmesan später auskühlt. Den Parmesan im heißen Backofen goldgelb und knusprig backen und im heißen Zustand vom Backpapier lösen und in eine Schüssel oder Tasse drücken. Dort auskühlen lassen und danach aus dem Gefäß lösen.

Anrichten

Vor dem Servieren die Bratkartoffeln mit der **Petersilie** mischen. Gewaschenen und geputzten **Salat** in die Parmesankörbchen füllen, mit **Orangendressing** beträufeln. Parmesan-körbchen, Bratkartoffeln und **Zitronenspalten** mit den Schnitzeln auf Tellern anrichten – fertig. Es wird Ihnen garantiert schmecken!

1

2

3

Rinderfilet
Rucola
Frühlingszwiebeln
Ananas
Apfel
Zuckerschoten
Senf
Honig

Clubsandwich

Clubsandwich

Zutaten für 4 Portionen

4 Rinderfilets (à 130 g)
Salz
Pfeffer
6 EL Olivenöl
8 Scheiben Toastbrot
4 Frühlingszwiebeln
4 Scheiben frische Ananas
4 Scheiben Apfel
20 g Butter
20 g brauner Zucker
50 g Zuckerschoten
50 g Senf
20 g Honig
50 g Rucola

Zubereitung

Den Backofen auf 140 Grad vorheizen.

Eine schwere Pfanne erhitzen, die **Rinderfilets** mit **Salz** und **Pfeffer** würzen und in 3 EL **Olivenöl** von beiden Seiten scharf anbraten. Im Backofen fertig garen.*

Inzwischen das **Brot** toasten. Die **Frühlingszwiebeln** putzen, waschen und dritteln. Die **Ananasscheiben** im restlichen **Olivenöl** kräftig von beiden Seiten anbraten, die Frühlingszwiebeln zufügen und alles bis zum Servieren warm stellen.

Tipps

* Fleisch erfordert beim Braten Geduld. Braten Sie es immer erst scharf an und reduzieren dann die Hitze, um es sanft weiterzugaren. Oder Sie stellen das Fleisch in den Backofen, um es dort gar ziehen zu lassen.

Wenn Ihnen Fisch oder Fleisch in der Pfanne anklebt, kann das an der Pflege liegen. Bei Eisen- oder Gusspfannen ist von Spülmittel abzuraten. Brennen Sie stattdessen die Pfanne alle paar Wochen mit Salz aus. Das geht ganz einfach: eine große Menge Salz in die kalte Pfanne schütten und stark erhitzen, anschließend das Salz ausschütten und mit Wasser abspülen.

Tipp: Ausbrennen von Pfannen mit Salz

1

Apfelscheiben in der **Butter** braten, mit **braunem Zucker** karamellisieren. **Zuckerschoten** blanchieren. **Senf** mit **Honig** verrühren und 4 Brotscheiben damit bestreichen.

Nun abwechselnd das Sandwich mit Ananas- und Apfelscheiben, Frühlingszwiebeln, Zuckerschoten und dem Rinderfilet belegen. Sandwiches mit den übrig gebliebenen Toastbrotscheiben abdecken. Sandwiches diagonal halbieren.

Anrichten

Stapeln Sie jeweils 2 Sandwichhälften übereinander und fixieren diese mit einem langen Holzspieß. Abschließend mit **Rucola** garniert servieren.

2

3

Schweinefilet
Hähnchenbrust
Spargel
Zucchini
Kartoffeln
Steinpilzöl
Zwiebeln
Rotwein

Schweinefilet im Zucchinimantel mit Spargel

Schweinefilet im Zucchinimantel mit Spargel

Zutaten für 4 Portionen

Für das Schweinefilet
1 kleines Schweinefilet (ca. 700 g)
Salz, Pfeffer
2 EL Rapsöl
250 g Hähnchenbrust
200 ml Sahne
1 Zucchini (ca. 200 g)
800 g grüner Spargel
10 g Butter

Für das Kartoffelpüree
600 g Kartoffeln
Salz
150 ml Milch
30 g Butter
Muskat
15 ml Steinpilzöl

Für die Rotweinsoße
500 g rote Zwiebeln
4–5 EL Rapsöl
30 g Zucker
500 ml trockener Rotwein
300 ml Kalbsjus
Salz, Pfeffer
Zucker
10 g Speisestärke

Schnittlauchhalme (zum Dekorieren)

Zubereitung

Den Backofen auf 165 Grad vorheizen.

Das **Schweinefilet** mit **Salz** und **Pfeffer** würzen, in **Rapsöl** von allen Seiten scharf anbraten, aus der Pfanne nehmen und auskühlen lassen.*

Hähnchenbrust in 1 cm große Würfel schneiden und mit der **Sahne** in einer Küchenmaschine zu einer feinen Farce verarbeiten. Die Farce mit **Salz** und **Pfeffer** abschmecken.

Zucchini der Länge nach in 3 mm dicke Scheiben schneiden. Den **Spargel** im unteren Drittel schälen und die Enden abschneiden. Spargel und Zucchini nacheinander blanchieren.

Ca. 30 cm Frischhaltefolie auslegen, die Zucchinischeiben überlappend darauflegen und mit der Farce bestreichen.**

Die Hälfte der Spargelstangen auf die Farce legen, etwas andrücken. Das Schweinefilet mit etwas Farce einstreichen und auf dem Spargel platzieren. Nun die Folie am unteren Rand anheben und alles einrollen. Die Enden der Folie zum Fixieren eindrehen, die Rolle in Alufolie wickeln und im Backofen ca. 30 Minuten gar ziehen lassen.

(Fortsetzung auf den nächsten Seiten)

Tipps

* Braten Sie Fleisch immer in der offenen Pfanne. Mit Deckel würde sich Kondenswasser bilden, das den Geschmack verfremdet.

** Das richtige Handwerkszeug dafür ist eine lange Palette.

1
2
3
4
5
6

Schweinefilet im Zucchinimantel mit Spargel

(Fortsetzung)

Für das Püree die **Kartoffeln** schälen, in **Salz**wasser weich kochen. Die **Milch** mit der **Butter** erhitzen und mit Salz und **Muskat** würzen. Die Kartoffeln durch eine Presse drücken, mit der heißen Milch aufgießen und alles mit einem Schneebesen vermengen. Das Püree mit **Steinpilzöl** verfeinern, in einen Spritzbeutel mit Lochtülle füllen, bis zum Servieren warm halten.

Die **roten Zwiebeln** schälen, das **Rapsöl** in einem großen Topf erhitzen. Die ganzen Zwiebeln darin anbraten, bis sie gebräunt sind. Mit **Zucker** bestreuen und weitere 5 Minuten garen, bis der Zucker karamellisiert. Die Zwiebeln mit dem **Rotwein** aufkochen und alles auf die Hälfte einkochen lassen. **Kalbsjus** zugießen. Die Soße kräftig mit **Salz**, **Pfeffer** und **Zucker** abschmecken und durch ein feines Sieb passieren, dabei die Zwiebeln kräftig ausdrücken. Bei Bedarf die Soße mit etwas **Speisestärke** binden.

Die restlichen Spargelstangen halbieren und in der **Butter** andünsten.

Anrichten

Spritzen Sie das Kartoffelpüree kreisrund auf die Teller und stecken die Spargelstangen von außen ins Püree. Das Schweinefilet in 2,5 cm dicke Scheiben schneiden und auf das Püree setzen. Die Soße um das Kartoffelpüree herum auf den Teller geben und das Ganze mit Schnittlauchhalmen dekorieren.

1

2

3

Surf & Turf mit Parmesankruste und Oliven-Semmelknödel

Rinderfilet
Riesengarnelen
Balsamico
Parmesan
Knoblauch
Thymian
Schalotten
Erbsen

Surf & Turf mit Parmesankruste und Oliven-Semmelknödel

Zutaten für 4 Portionen

600 g Rinderfilet
Salz
Pfeffer
4 EL Rapsöl
4 EL Balsamico-Essig
100 ml Kalbsbrühe
100 g Butter
70 g Weißbrot (frisch gerieben)
1 Handvoll frische Kräuter
50 g Parmesan
4 Riesengarnelen
2 EL Olivenöl
2–3 Knoblauchzehen
3 Zweige Thymian

Für die Oliven-Semmelknödel
150 g Brötchen (vom Vortag)
3 Schalotten
40 g Butter
150 ml Milch
Salz
Muskat
1 Bund Petersilie
100 g Oliven (ohne Stein)
1 Ei
Pfeffer
2–3 EL geklärte Butter
(siehe Tipp Seite 42)

200 g frische Erbsen
geröstetes Ciabatta*

Zubereitung

Den Backofen auf 180 Grad vorheizen.

Das **Rinderfilet** in 4 Stücke schneiden, mit **Salz** und **Pfeffer** würzen. In einer heißen Pfanne im **Rapsöl** von beiden Seiten scharf anbraten.*

Das Rinderfilet aus der Pfanne nehmen und abkühlen lassen.**

Den Bratensatz mit etwas **Balsamico-Essig** ablöschen, mit der **Brühe** auffüllen und 2 Minuten kochen lassen, die Soße beiseitestellen.

Für die Kruste **Butter**, **Weißbrot**, fein gehackte **Kräuter** und geriebenen **Parmesan** mischen. Die Rinderfilets mit der Mischung einstreichen. Das Fleisch im vorgeheizten Backofen rosa garen, dabei wird die Parmesankruste knusprig braun.***

Inzwischen die **Garnelen** am Rücken aufschneiden und entdarmen. **Olivenöl** in einer Pfanne erhitzen und Garnelen mit angedrücktem **Knoblauch** und **Thymian** darin braten.

Tipps

* Durch das scharfe Anbraten schließen sich die Fleischporen schnell, der Fleischsaft bleibt im Inneren und das Steak schön saftig.

** Für eine perfekte Kruste brauchen Sie auf jeden Fall eine Pfanne mit einem schweren Sandwichboden, der die Hitze gut speichert. Lassen Sie die Pfanne 1 Minute auf dem Ofen stehen und richtig heiß werden, bevor Sie das Öl zufügen und mit dem Braten anfangen. Übrigens können Sie die richtige Temperatur auch hören: Sobald Sie das Fleisch hineintun, zischt und rauscht es in der Pfanne – werden die Geräusche leiser, müssen Sie die Temperatur erhöhen.

1

2

Für die Knödel die **Brötchen** in 2 cm große Würfel schneiden und in eine Schüssel geben. Die **Schalotten** schälen, würfeln und in der **Butter** andünsten. Die **Milch** zugießen und aufkochen, mit **Salz** und **Muskat** würzen. Die heiße Milch über die Brötchen geben und mit Folie bedeckt 30 Minuten ziehen lassen.

Petersilie und **Oliven** hacken und mit dem **Ei** unter die Brötchenmasse mischen, mit **Salz**, **Muskat** und **Pfeffer** abschmecken. Eine Lage Frischhaltefolie auf eine Lage Alufolie legen, die Knödelmasse so darauf verteilen und alles einrollen, dass ein Serviettenknödel daraus entsteht. Serviettenknödel in heißem Wasser 40 Minuten pochieren.***

Knödel auskühlen lassen. Folien entfernen und die Knödel mit einem scharfen Messer in 2 cm dicke Scheiben schneiden.

Kurz vor dem Servieren die Knödel in **geklärter Butter** anbraten und die **Erbsen** blanchieren.

Anrichten

Setzen Sie einen Knödel in die Mitte des Tellers, stapeln Sie das Filet mit je 1 Scheibe **geröstetem Ciabatta** und der Garnele zu einem Turm. Außen herum platzieren Sie die Erbsen und etwas Soße.

Tipp

*** Beschweren Sie die Knödel im Topf mit Gabeln – auf diese Weise steigen die Knödel nicht an die Oberfläche, sondern garen gleichmäßig.

* Ein Rezept für geröstetes Ciabatta finden Sie in meinem Buch: **schöner kochen: kalte Küche** auf Seite 39.

Die perfekte Kruste

Tipps mit Gelinggarantie

Das Größte für Fleischliebhaber ist der perfekte Braten – außen mit einer schönen Kruste und innen leicht rosa und saftig. Und für Nudelliebhaber die goldbraune, pikante Käsekruste, die so typisch ist für Lasagne, Aufläufe und Co.
Dabei kommt es eigentlich nur auf die richtigen Zutaten und ein perfektes Timing an. Die entscheidenden Tipps für den richtigen Biss und einen idealen Bräunungsgrad der Kruste habe ich Ihnen hier zusammengestellt.

Krustenrezept für Lasagne

Für eine klassische Lasagne braucht man 2 Soßen: eine aus Hackfleisch und Tomaten und eine Béchamelsoße. Letztere sorgt für Bindung und Aroma – und nimmt an der Oberfläche in der Ofenhitze eine goldbraune Farbe an. Mit dem darübergestreuten Käse entsteht dann die typische Lasagne-Kruste.

Zutaten für 4 Portionen

Béchamelsoße
60 g Butter
80 g Mehl (gesiebt)
400 ml Brühe
700 ml Milch
Salz
Muskat
60 g Parmesan (gerieben)

Zubereitung

Für eine helle Mehlschwitze die **Butter** in einem Topf schmelzen und das **Mehl** zugeben und kurz rühren. Mit **Brühe** und **Milch** auffüllen. Die Soße unter ständigem Rühren aufkochen, bis sie eine sämige Konsistenz hat. Mit **Salz** und **Muskat** würzen und den geriebenen **Parmesan** unterrühren.

Tipp: Nach dem Erkalten ist die Béchamel meistens etwas zähflüssig, Sie können sie aber ohne Weiteres mit Milch oder Brühe verdünnen. Für ein besonders leckeres Ergebnis beim Überbacken mischen Sie noch 2 Eigelbe unter die Soße.

Tipp: Beim Gratinieren kommt es auf den Fettanteil im Käse an: Da nur das Fett schmelzen kann, verwenden Sie am besten Käsesorten mit einem Fettanteil von über 45 Prozent. Der Käse wird gerieben über die bereits heißen Speisen gestreut. Das Schmelzen und die Bildung einer appetitlichen Kruste werden durch die Zugabe von Butter gefördert. Bepinseln Sie deshalb den Käse mit etwas Butter oder legen Sie vor dem Gratinieren einige Butterstückchen darauf – dann ab in den vorgeheizten Backofen.

Senf

Speck-Zwiebel-Panaché

Weißbrot mit Kräutermischung

Kruste für einen Senfrostbraten

Eine sehr aromatische Kruste für einen Senfrostbraten stellen Sie so her: Salzen und pfeffern Sie das Fleisch und braten Sie es von allen Seiten kräftig an. Streichen Sie dann die Oberseite mit Senf ein und verteilen etwas Speck-Zwiebel-Panaché *(Rezept Seite 144)* darauf. Für einen knusprigen Abschluss alles mit frisch geriebenem Weißbrot bestreuen und bei 160 Grad im vorgeheizten Ofen 12–15 Minuten garen lassen.

Tipp: Ein leckerer Senfrostbraten gelingt übrigens auch mit Hähnchenfleisch. Probieren Sie diese Variante einfach mal!

Bringen Sie nicht nur Geschmack, sondern auch Farbe an die Panierung! Dafür mixen Sie etwas Weißbrot in der Küchenmaschine ganz fein und fügen ein paar frische Kräuter hinzu – supereinfach und richtig delikat!

Kruste für den Gänsebraten

So gelingt Ihr Gänsebraten und hat eine perfekt krosse Haut: Eine Gans brate ich immer in einer Saftpfanne oder in einem großen Bräter, um das auslaufende Fett und den Bratfond aufzufangen. Den Backofen auf 200 Grad vorheizen, Saftpfanne oder Bräter mit 400 ml Wasser füllen. Die Gans mit der Brust nach unten hineinlegen und im geschlossenen Bräter 2,5 Stunden braten. Dann den Bräter öffnen und die Gans wenden. Weitere 90 Minuten ohne Deckel garen. Als Richtwert für die Bratzeit nehme ich immer 1 Stunde pro Kilogramm Gans. Nun können auch noch die gespickten Äpfel mit hinein, damit sie gleichzeitig mit der Gans fertig sind.

Für eine knusprige Haut übergießen Sie den Gänsebraten 15 Minuten vor Ende der Garzeit immer wieder mit Salzwasser und erhöhen dabei die Temperatur auf 250 Grad.

Tipp: Eine schmackhafte Krustenmasse gelingt ganz einfach. Vermengen Sie 100 g weiche Butter mit 80–100 g frisch geriebenem Weißbrot, bis eine homogene Masse entsteht. Nach Wunsch mischen Sie nun gehackte Kräuter, Oliven oder geriebenen Käse unter die Masse.

Fisch und Meeresfrüchte

Fishing for Compliments

„Seezungenröllchen mit Wildspargel und Weißweinsoße", „Kabeljau auf Wirsing mit bunten Kroketten" oder „Fish & Chips mit Currymayonnaise" – lassen diese Gerichte Ihnen schon beim Lesen das Wasser im Mund zusammenlaufen? Bevor Sie jetzt in Ihr Lieblingsfischrestaurant stürmen, denken Sie doch einmal darüber nach, all diese Köstlichkeiten selbst zuzubereiten und einem Sternekoch würdig zu präsentieren.

Begleiten Sie mich deshalb auf eine kleine kulinarische Kreuzfahrt. Mit an Bord: fantastische Rezepte für Seefische, Edelfische, Meeresfrüchte und Co., die bei Ihren Gästen garantiert für Wellen der Begeisterung sorgen.

Gebackene Wan Tan auf Salicorne

Lachsfilet
Sahne
Pernod
Wan-Tan-Blätter
Limette
Salicorne
Polpetti
Shiso-Kresse
Crème fraîche

Gebackene Wan Tan auf Salicorne

Zutaten für 4 Portionen

Für die Wan Tan

200 g Lachsfilet (ohne Haut)
180–200 ml Sahne
20 ml Pernod
Salz
Pfeffer
12 Wan-Tan-Blätter
1 Eigelb (zum Bestreichen)
Fett (zum Ausbacken)
1 Limette (in Spalten geschnitten)

Für die Polpetti

12 Polpetti (oder andere Frutti di Mare)
6 EL Olivenöl
Salz
Pfeffer
Saft von ½ Zitrone
600 g Salicorne
1 Schälchen Shiso-Kresse

Für den Dip

100 g saure Sahne
50 g Crème fraîche
Limettensaft
Salz
Pfeffer

Zubereitung

Fett in einem großen Topf auf 160 Grad erhitzen.

Das **Lachsfilet** in Würfel schneiden und 15 Minuten einfrieren. Mit **Sahne** und **Pernod** in der Küchenmaschine mixen, bis eine homogene Farce entsteht; mit **Salz** und **Pfeffer** würzen. **Wan-Tan-Blätter** auslegen, je 1 Löffel Farce darauf verteilen. Die Ränder mit **Eigelb** bestreichen und diagonal zuklappen. Wan Tan im heißen **Fett** 2 Minuten backen.

Die **Polpetti** in 2 EL **Olivenöl** scharf anbraten, mit **Salz** und **Pfeffer** würzen. Nach ca. 3 Minuten Bratzeit mit **Zitronensaft** ablöschen und vom Herd nehmen.

In derselben Pfanne 4 EL Olivenöl erhitzen und die **Salicorne** darin kurz anbraten. Mit Pfeffer und eventuell mit Salz abschmecken. Kurz vor dem Servieren die **Shiso-Kresse** hinzufügen und alles kurz durchschwenken.*

Für den Dip **saure Sahne** und **Crème fraîche** miteinander verrühren, mit einigen Spritzern **Limettensaft**, **Salz** und **Pfeffer** würzen.

Anrichten

Legen Sie auf den Tellern einen Kranz aus Salicorne. Im Inneren platzieren Sie heiße Wan Tan und Polpetti. Dazu ein Schälchen mit Dip und **Limettenspalten**. Zum Abschluss etwas groben **Pfeffer** über das Gericht streuen.

Tipp

* Salicorne ist eine ganz besondere Algenart, die unter dem Einfluss von Ebbe und Flut gedeiht. Sie schmeckt salzig und saftig. Der Salzgehalt in ihren Zellen ist von Natur aus höher als der des Meerwassers, sodass die Osmose andersherum funktioniert. Salicorne (auf Deutsch Queller) ist roh essbar. In der Pfanne brauchen Salicorne nur wenige Minuten. Dadurch behalten sie auch ihren natürlichen Biss.

1

2

3

4

5

6

Seezungenröllchen mit Wildspargel und Weißweinsoße

Lachsfilet
Seezungenfilet
Sahne
Zitronengras
Wildspargel
Kartoffeln
Schalotten
Weißwein

Seezungenröllchen mit Wildspargel und Weißweinsoße

Zutaten für 4 Portionen

Für die Röllchen

200 g Lachsfilet (ohne Haut)
180–200 ml kalte Sahne
Saft von ½ Zitrone
Cayennepfeffer
Salz
8 Seezungenfilets
4 Stangen Zitronengras
Fischfond (zum Pochieren)

Für die Beilagen

600 g Wildspargel
10 g Butter
Salz
Zucker
300 g kleine Kartoffeln
2 EL Olivenöl
Pfeffer
1 EL gehackte Petersilie

Für die Weißweinsoße

2 Schalotten
2 EL Olivenöl
100 ml trockener Weißwein
250 ml Fischbrühe
125 ml Sahne
Salz
10 g Speisestärke

frittierte Kräuter*

Zubereitung

Das **Lachsfilet** in Würfel schneiden und 20 Minuten einfrieren.* Die Würfel mit der kalten **Sahne** in der Küchenmaschine mixen, sodass eine feine Farce entsteht. Diese mit einigen Spritzern **Zitronensaft**, 1 Prise **Cayennepfeffer** und **Salz** würzen.**

Die **Seezungenfilets** auslegen, salzen, eine Seite mit der Farce bestreichen und die Filets einrollen. **Zitronengrasstangen** längs halbieren. Zum Fixieren mit einer Fleischgabel ein Loch durch die Röllchen bohren und jeweils ½ Zitronengrasstange durchstecken. Röllchen in gut gewürztem **Fond** pochieren.***

Den **Wildspargel** blanchieren und anschließend in **Butter** andünsten, mit **Salz** und etwas **Zucker** würzen.

Die **Kartoffeln** schälen und in Salzwasser kochen, gut abtropfen lassen und in **Olivenöl** goldbraun braten, salzen, pfeffern, mit der **Petersilie** bestreuen.

Für die Soße die **Schalotten** schälen, fein würfeln, in **Olivenöl** glasig andünsten und mit dem **Wein** ablöschen. Wein auf die Hälfte einkochen und mit **Fischbrühe** und **Sahne** auffüllen. Alles 5–8 Minuten köcheln lassen, salzen und mit in Wasser aufgelöster **Speisestärke** binden.

Tipps

* Fische sind sehr proteinhaltig, daher gerinnen die Eiweiße bei zu starker Wärmeentwicklung. Um der Reibungshitze beim Mixen der Farce entgegenzuwirken, ist das kurze Einfrieren sehr wichtig.

** Übrig gebliebene Farce können Sie beispielsweise für die gebackenen Wan Tan *(siehe Seite 92)* verwenden.

*** Sollten Sie einmal keinen Fond zum Pochieren haben, nehmen Sie einfach Salzwasser, das Sie mit verschiedenen Aromen anreichern – beispielsweise mit Kräutern, Zitronensaft oder Gewürzen.

* Wenn Sie wissen möchten, wie man Kräuter frittiert, dann schauen Sie in meinem Buch **schöner kochen: kalte Küche** auf Seite 28 nach.

Anrichten

Platziern Sie den Wildspargel in Form eines Nests in der Mitte des Tellers und legen Sie gebratene Kartoffeln darum herum. Nun die pochierten Seezungenröllchen auf dem Spargelnest anrichten. Das Ganze mit der Soße nappieren und mit frittierten Kräutern dekorieren – ein Hochgenuss.

Tipp

Wildspargel ist feiner und aromatischer als die klassischen weißen oder grünen Sorten. Er ist von April bis zum 24. Juni erhältlich.

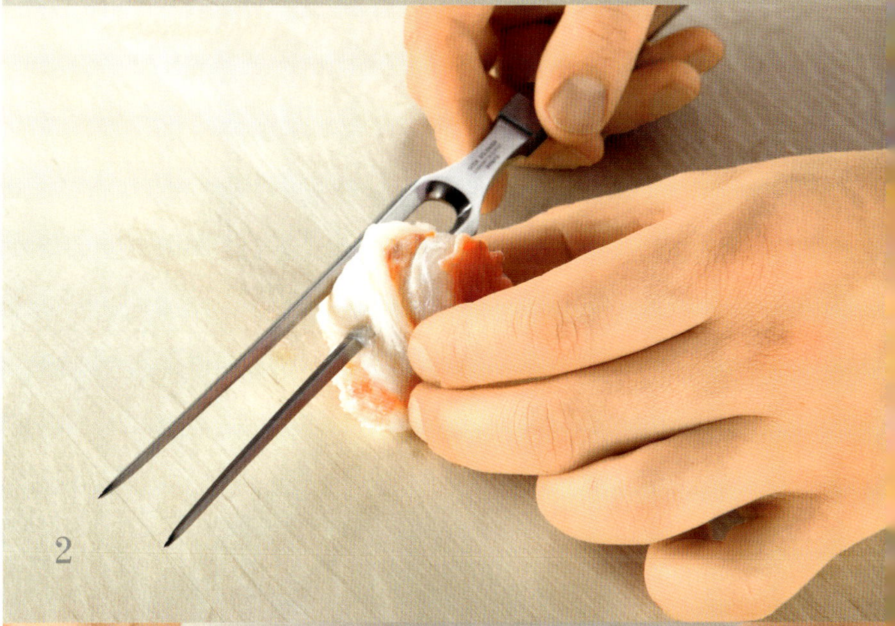

Papillote

Lachsfilet
Garnelen
Jakobsmuscheln
Tomaten
Zucchini
Paprika
Frühlingszwiebeln
Thymian

Papillote

Zutaten für 4 Portionen

150 g Tomaten
200 g Zucchini
150 g gelbe Paprikaschoten
100 g Frühlingszwiebeln
320 g Lachsfilet (ohne Haut)
4 Garnelen
8 Jakobsmuscheln
Salz
4 EL Worcestersoße
4 Knoblauchzehen
8 Zweige Thymian
8 EL Olivenöl
Saft von **1** Zitrone
Pfeffer
4 Stück Backpapier (à 40 cm x 40 cm)
Küchengarn

Zubereitung

Den Backofen auf 160 Grad vorheizen.

Gemüse waschen, putzen und in gleich große Stücke schneiden.*

Das **Lachsfilet** in 4 Stücke schneiden. **Garnelen** am Rücken aufschneiden und entdarmen.

Das Gemüse mit dem Fisch, Garnelen und den **Jakobsmuscheln** gleichmäßig auf dem Backpapier verteilen, mit **Salz** und **Worcestersoße** würzen. Die **Knoblauchzehen** schälen, mit dem Messerrücken andrücken und mit dem **Thymian** zum Gemüse geben. Je 2 EL **Olivenöl** und einige Spritzer **Zitronensaft** darüberträufeln und pfeffern. Zum Schluss Backpapier nach oben einklappen und mit Küchengarn zusammenbinden.

Papillote im Backofen 20 Minuten garen – dabei bläht sich die Papierhülle auf.**

Anrichten

Papillote aus dem Backofen nehmen und sofort servieren. Beim Öffnen der Backpapierhüllen strömen Ihnen und Ihren Gästen die herrlichen Düfte entgegen und lassen Ihnen das Wasser im Mund zusammenlaufen.

Tipps

* Schneiden Sie das Gemüse in gleichmäßig große Stücke, so garen sie besser.

** Das Garen „en papillote“ kommt aus Frankreich und ist eine einfache, überaus schonende und schmackhafte Methode, Nahrungsmittel zuzubereiten. Außerdem eine Methode, die Backen, Dämpfen und Schmoren kombiniert. Man wickelt die Zutaten in Backpapier oder Alufolie und verschließt diese – so können Fisch, Fleisch, Gemüse oder Obst im eigenen Saft schmoren, wodurch Aroma, Geschmack und gesunde Inhaltsstoffe erhalten bleiben.
Öffnen Sie die Papillote niemals im Ofen, da sich die Hülle sonst nicht aufbläht.

1

2

3

4

5

6

Fisch
Kartoffeln
Eier
Senf
Curry
Mayonnaise
Limette

Fish & Chips mit Currymayonnaise

Fish & Chips mit Currymayonnaise

Zutaten für 4 Portionen

Für die Fish & Chips

Fett (zum Ausbacken)
800 g frische Fischfilets (Zander, Lachsforelle)
750 g große Kartoffeln
3–4 EL Olivenöl
Salz
Pfeffer

Für die Currymayonnaise

2 Eigelb
1 TL Senf
300 ml Rapsöl
Salz
Zitronensaft
1 TL Currypulver

1 Limette (in Spalten geschnitten)

Zubereitung

Fett in einem großen Topf auf 180 Grad erhitzen.

Die **Fischfilets** mit einem scharfen Messer in 2 cm breite Streifen schneiden. Die **Kartoffeln** schälen und in 1 cm dicke Stifte schneiden. Diese im heißen **Fett** zu knusprigen Pommes frites braten *(Rezept Seite 136)*.

Für den Fisch eine Pfanne ca. 1 Minute erhitzen, erst dann das **Olivenöl** zugeben. Den Fisch mit **Salz** und **Pfeffer** würzen und bei starker Hitze zuerst auf der Hautseite anbraten. Hitze reduzieren und den Fisch langsam in der Pfanne gar ziehen lassen.*

Für die Mayonnaise **Eigelbe** mit **Senf** in einer sauberen Schüssel glatt rühren. Das **Öl** unter ständigem Rühren in dünnem Strahl hineinlaufen lassen, bis sich eine cremige Mayonnaise bildet. Mit **Salz**, einigen Spritzern **Zitronensaft** und **Currypulver** abschmecken.**

Anrichten

Stapeln Sie die Fischfilets übereinander, legen Sie die **Limettenspalten** dazu und reichen Sie die Pommes frites in einer Papiertüte – ein Fastfood-Klassiker neu inszeniert.

Tipps

* Wichtig ist, dass immer Bratgeräusche zu hören sind. Sobald sich Filets an den Außenseiten trüb verfärben, können Sie sie wenden. Braten Sie den Fisch nicht zu lange, denn im Inneren sollte er noch rosa sein.

** Achten Sie darauf, dass die Eier und das Öl vor der Verarbeitung Zimmertemperatur haben – das ist wesentlich für das perfekte Gelingen der Mayonnaise.

1

2

3

4

5

6

Kabeljau
Wirsing
Tomaten
Oliven
Süßkartoffeln
Kartoffeln
Béchamel

Kabeljau auf Wirsing mit bunten Kroketten

Kabeljau auf Wirsing mit bunten Kroketten

Zutaten für 4 Portionen

Für den Fisch

800 g Kabeljaufilet
Salz
Mehl (zum Mehlieren)
4–5 EL Olivenöl
Zitronensaft

Für das Wirsinggemüse

500 g Wirsing
3 Schalotten
10 g Butter
Salz
Muskat
2 EL Olivenöl
100 g Tomaten (gewürfelt)
50 g grüne Oliven (ohne Stein)
Pfeffer
Zucker

Für die Kroketten

250 g große Süßkartoffeln
250 g große Kartoffeln
Fett (zum Ausbacken)
Salz
50 g Béchamelsoße
(siehe Seite 85)
Mehl (zum Panieren)
2 Eier
150 g Semmelbrösel

Für die Tomaten-Velouté

100 g Kirschtomaten
2 Schalotten
2 EL Olivenöl
50 ml trockener Weißwein
200 ml Gemüsebrühe
100 ml Crème fraîche
Salz
Pfeffer
20 ml weißer Portwein
20 g kalte Butter (gewürfelt)

Zubereitung

Den **Kabeljau** mit einem scharfen Messer in Stücke schneiden, mit **Salz** würzen, in **Mehl** wenden und danach gründlich abklopfen.* Eine dünne Schicht Mehl sollte am Fisch haften bleiben.**

Die Pfanne erhitzen, **Olivenöl** hineingeben, erhitzen und die Kabeljaufilets darin braten. Sobald die Filets am Rand leicht trüb sind, wenden. Zum Schluss mit einigen Spritzern **Zitronensaft** beträufeln.

Wirsing vom Strunk schneiden, Blätter blanchieren und in dünne Streifen schneiden. **Schalotten** schälen, würfeln und zwei Drittel in einem Topf in **Butter** glasig andünsten. Wirsing zugeben und 3 Minuten mitdünsten. Mit **Salz** und **Muskat** abschmecken.

Restliche Schalottenwürfel in einer Pfanne im heißen **Olivenöl** andünsten, **Tomaten** und gehackte **Oliven** zufügen, mit **Salz**, **Pfeffer** und 1 Prise **Zucker** würzen.

Für die Kroketten **Kartoffeln** und **Süßkartoffeln** schälen und in 5 mm dicke Scheiben schneiden. **Fett** in einem großen Topf auf 170 Grad erhitzen. Die Kartoffelscheiben in **Salz**wasser blanchieren, mit einem runden Ausstecher (3 cm Ø) Scheiben ausschneiden, salzen und mit etwas **Béchamel-soße** bestreichen. Je 3 Scheiben Kartoffeln und Süßkartoffeln abwechselnd übereinanderstapeln.

Tipps

* Die einzelnen Fischarten unterscheiden sich erheblich hinsichtlich ihres Wasser-, Fett-, Eiweiß- und Mineralstoffgehalts. Der Kabeljau gehört mit einem Fettgehalt von unter einem Prozent zur Gattung der Magerfische. Fettfische wie Lachs, Thunfisch, Makrele und Hering haben dagegen einen Fettgehalt von über 10 Prozent. Übrigens hat der Kabeljau viele Namen. Der bei uns häufigste Nutzfisch heißt in Holland Laberdan, bis zu einem Alter von drei Jahren nennt man ihn Dorsch und als gesalzene Spezialität wird er Stockfisch genannt.

** Das sogenannte Mehlieren des Fischs ist eher Kür als Pflicht, aber es erleichtert das Braten von empfindlichen Fischsorten – wie eben Kabeljau. Die dünne Mehlschicht verhindert das Festkleben am Pfannenboden und gibt dem Fisch eine schöne bräunliche Farbe. Wenn Sie trotzdem Probleme haben, den Fisch beim Wenden vom Pfannenboden zu lösen, fügen Sie einfach 1 EL geklärte Butter *(siehe Tipp Seite 42)* hinzu.

Die Krokette vorsichtig erst in **Mehl**, dann in verquirltem **Ei** und zum Schluss in **Semmelbröseln** wenden und im heißen **Fett** goldbraun ausbacken.***

Für die Velouté die **Tomaten** halbieren. **Schalotten** schälen und fein würfeln, in einer Pfanne im **Olivenöl** mit den Kirschtomaten glasig dünsten, mit **Wein** ablöschen. Den Wein auf die Hälfte einkochen, mit der **Brühe** und der **Crème fraîche** auffüllen.

Alles 10 Minuten köcheln lassen und mit dem Pürierstab mixen. Mit **Salz**, **Pfeffer** und **Portwein** würzen und durch ein feines Sieb passieren. Die Velouté nochmals aufkochen und mit der **Butter** aufmixen.

Anrichten

Legen Sie den gebratenen Kabeljau auf ein Wirsingbett, platzieren Sie 2 aufgeschnittene Kroketten daneben und träufeln die Velouté außen herum. Mit dem Topping aus Tomaten und Oliven den Fisch nappieren und servieren.

(Fotoanleitung auf den nächsten Seiten)

Tipp

*** Diese feine Beilage eignet sich auch hervorragend als Zwischengang. Oder ersetzen Sie die Süßkartoffeln durch Blutwurstscheiben und die Béchamel durch körnigen Senf – im Handumdrehen kreieren Sie eine neue Variation.

Kabeljau auf Wirsing mit bunten Kroketten

(Fortsetzung)

5
6
7
8
9
10

Soßen

Konsistenz ist mehr als eine Glaubensfrage

Bei der Vielzahl an Gerichten, mit denen Sie Ihre Gäste verwöhnen können, lohnt es sich, bei den Soßen etwas zu verweilen – schaffen sie doch den Ausgleich zwischen verschiedenen Aromen und verführen nicht selten dazu, eine Speise besonders zu loben. Da verwundert es nicht, dass Profiköche oft einen regelrechten Kult um ihre Soßen betreiben: Sie rösten und reduzieren, schwitzen an, löschen ab, schäumen auf und glasieren.

Manchmal ist es tatsächlich nicht ganz einfach, eine perfekte Soße zuzubereiten. Wie bekommt man sie sämig und würzt sie am besten? Was tun, wenn's klumpt oder wenn's mal schnell gehen muss? Ich kann Sie beruhigen: Das alles ist gar nicht so schwer.

Kleine Tipps mit großer Wirkung

Ob mit Wein, Fond, Eiern oder Butter zubereitet: Soßen ergänzen optisch und geschmacklich fast jedes Gericht. Aber gute Soßen müssen optimal konzentriert sein, dürfen nicht zu massig, schwer, dünnflüssig oder klebrig sein, um Speisen harmonisch zu vervollständigen. Soße besteht aus Brühe, die meist durch Reduktion einen konzentrierten Geschmack bekommt. Die gewünschte Konsistenz hängt dabei von Ihrem Geschmack ab – und natürlich vom Gericht, denn Soße für Pasta beispielsweise hat eine ganz andere Beschaffenheit als eine dunkle für Braten.

Sie können Soßen auf unterschiedliche Weise binden. Vorwiegend kommen zwar Mehl und Stärke zum Einsatz, aber auch Butter, Weißbrotkrumen oder Pfefferkuchen können Sie verwenden. Die einzelnen Bindemittel verändern dabei sowohl die Konsistenz als auch den Geschmack. Die Bindefähigkeit von Stärke und Mehl hängt immer vom Mahlgrad ab: Je feiner ein Produkt ist, umso geringer der Bindemittelanteil.

Geben Sie Gewürze immer erst dann zur Soße, wenn sie fertig eingekocht oder angedickt ist, denn durch das Einkochen kann der Geschmack der Gewürze intensiver werden. Die Soße schmeckt dann versalzen oder zu scharf. Auch die meisten Kräuter gehören erst zum Schluss in die Soße. Köcheln sie länger, verlieren sie an Geschmack und an wertvollen Inhaltsstoffen. Ausnahmen bestätigen aber auch hier die Regel: Lorbeerblätter und Wacholder brauchen lange, um ihre Aromen zu entfalten. Deshalb müssen sie von Anfang an mitgekocht werden.

Eine besonders schaumige Soße erhalten Sie, wenn Sie diese kurz vor dem Servieren mit dem Pürierstab aufmixen – dabei den Stab leicht schräg halten und möglichst viel Luft unter die Soße arbeiten.

Wahrscheinlich haben Sie schon die Erfahrung gemacht, dass sich auf der Oberfläche der Soße leicht eine Haut bildet. Das können Sie vermeiden, indem Sie die Saftpfanne aus Ihrem Backofen zur Hälfte mit kochendem Wasser füllen und den Soßentopf hineinstellen. Jetzt noch ab und zu umrühren und schon bleibt die Soße glatt. Wenn Sie Soßen zubereiten, die laut Rezept ohne Sahne sind, können Sie später trotzdem einen halben Teelöffel Sahne hinzufügen – auch das verhindert eine Hautbildung. Übrigens nicht nur bei Soßen, sondern auch bei Suppen.

Von einem Warmhalten der Soßen rate ich Ihnen allerdings komplett ab, da Flüssigkeit dabei verdampft und die Soße sehr schnell überwürzt schmeckt.

Klassische Mehlschwitze

Zutaten für 1 Liter Soßenflüssigkeit

40 g Butter (oder Butterschmalz, Schweineschmalz, ein anderes reines Pflanzenfett)

50 g Mehl (gesiebt)

Zubereitung

Die **Butter** langsam schmelzen. Anschließend das **Mehl** zugeben. Die Mehlschwitze während der Zubereitung ständig umrühren.

Tipp: Das Anschwitzen verringert zwar den Stärkeanteil im Mehl, gleichzeitig entstehen aber Röststoffe und der mehlige Geschmack verliert sich.

Das Entscheidende für eine klümpchenfreie Soße ist die Zugabe einer abgekühlten Flüssigkeit, sodass die Stärke gleichmäßig „verkleistern" kann. Gießen Sie deshalb heiße Mehlschwitzen mit kalter Flüssigkeit auf.

Tipp: Nehmen Sie die Mehlschwitze vom Herd, bevor Sie die kalte Flüssigkeit hinzufügen. Alles gut miteinander verrühren und dann langsam wieder erhitzen, bis eine sämige Bindung entsteht. Und von Klümpchen keine Spur!

Die Soße noch einige Minuten köcheln lassen.

Tipp: Der Farbton der Mehlschwitze geht in die Soße über – dabei gilt folgende Faustregel: helle Schwitze für weiße Soßen und dunkle Schwitze für dunkle Soße.

Binden mit Mehlbutter

Zutaten für 1 Liter Soßenflüssigkeit

35 g Butter
45 g Mehl

Zubereitung

Zimmerwarme **Butter** mit dem **Mehl** verkneten, bis eine geschmeidige Masse entsteht. Nun die Mehlbutter in die heiße Flüssigkeit geben; das Fett schmilzt langsam und verhindert so eine Klümpchenbildung. Die Stärke geht in die Flüssigkeit über und bindet die Soße.

Tipp: Das ist eine gute Methode zum Binden heller Soßen oder zum schnellen Nachbinden einer dunklen Jus. Mehlbutter können Sie übrigens wunderbar auf Vorrat herstellen.

Soßen, die mit Mehlbutter gebunden sind, können nicht mehr reduziert werden, da sie sonst zäh und gelatineartig werden. Also immer so lange einkochen, bis der gewünschte Geschmack erreicht ist, und dann erst binden.

Binden mit Butter

Beim Veredeln mit Butter werden kalte Butterstückchen nach Beendigung des Kochvorgangs in die Soße eingerührt. Dadurch erhält die Soße eine wunderbar milde, samtige Konsistenz.

Binden mit Speisestärke

1

2

3

4

Binden mit Speisestärke

Zutaten für 1 Liter Soßenflüssigkeit

10 g Stärke
(angerührt in kalter Brühe, Wein oder Wasser)

Zubereitung

Da **Stärke** erst bei einer Temperatur von 70 Grad bindet, wird sie in **kalter Brühe** angerührt. **Wein** oder **Wasser** unter Rühren der kochenden Soße beigegeben.

Tipp: Stärkemehl oder -puder aus Kartoffeln oder Mais sind geschmacksneutral und binden die Flüssigkeiten, ohne sie zu trüben. So bleibt besonders dunkle Jus klar. Mit Stärke gebundene Soßen gelieren nach dem Erkalten – beim Erwärmen wird die Soße jedoch wieder flüssig.

Binden mit Weißbrot

Zutaten für 1 Liter Soßenflüssigkeit

100–150 g geriebenes Weißbrot

Zubereitung

Sie können Soßen auch mit geriebenem **Weißbrot** binden: Die Brösel saugen die Flüssigkeit auf, zu einer Verkleisterung mit Stärke kommt es dabei nicht.

Tipp: Wollen Sie gleichzeitig den Geschmack beeinflussen, binden Sie Ihre Soßen doch einfach mal mit geriebenem Pumpernickel oder Pfefferkuchen – diese Varianten eignen sich besonders für dunkle Rotwein- oder Sauerbratensoßen.

Tomatensoße

Zutaten für 1 Liter Soßenflüssigkeit

1,2 kg reife Tomaten
50 g Schalotten
50 g Möhre
3–4 EL Olivenöl
30 g Tomatenmark
500 ml Gemüse- oder Geflügelbrühe
1 Zweig Thymian
½ Lorbeerblatt
1 Knoblauchzehe
Salz
Pfeffer
Zucker
30 g kalte Butter (in Stückchen)

Zubereitung

Die **Tomaten** waschen, die Stielansätze herausschneiden, Tomaten stückeln. **Schalotten** schälen und geputzte **Möhre** fein würfeln, beides in **Olivenöl** andünsten. Tomatenstücke mit dem Tomatenmark dazugeben und unter gelegentlichem Rühren so lange schmoren, bis eine breiige Masse entsteht. Nun **Brühe**, **Thymian**, **Lorbeer** und den angedrückten **Knoblauch** hinzufügen. Den Soßenansatz 45 Minuten köcheln lassen.

Tipp: Je länger Knoblauch mitkocht, desto milder wird sein Aroma. Wünschen Sie sich also eine intensive Knoblauchnote, fügen Sie den Knoblauch etwas später hinzu. Es kann übrigens durchaus passieren, dass die Soße am Topfboden ansetzt. Dem können Sie entgegenwirken, indem Sie die Soße ab und zu umrühren und bei Bedarf den Topfboden freischaben.

Abschließend die Soße durch ein feines Spitzsieb passieren, mit Salz, Pfeffer und 1 Prise Zucker würzen und die Butterstückchen unter die Soße mixen.

Tipp: Teilweise schwanken die Qualität und der Geschmack von Tomaten erheblich und sind auch von der Jahreszeit abhängig. Sollten Sie keine gute, frische Ware erhalten, verwenden Sie einfach Dosentomaten, denn die eignen sich hervorragend für Soßen.

Tipp

Tomatensoße sieht allein durch ihre rote Farbe sehr appetitanregend aus. Ihr fruchtig säuerlicher Geschmack harmoniert mit vielen Speisen – ob ganz pur zu Nudeln oder verfeinert mit Einlagen wie Oliven, Kapern, Zwiebeln, Speck, Käse, Knoblauch und Basilikum für Fleisch- oder Fischgerichte.

Tomatensoße

Provenzalische Soße

(Rezept Seite 122)

Provenzalische Soße

Zutaten für 1 Liter Soßenflüssigkeit

1,2 kg Tomaten
3 EL Olivenöl
1 gehackte Knoblauchzehe
500 ml Tomatensoße
(siehe Rezept Seite 120)
5 EL gehackte Kräuter
(Petersilie, Basilikum, Lavendelblüten, Oregano, Salbei, Bergbohnenkraut)
Salz
Pfeffer
Zucker

Zubereitung

Die **Tomaten** waschen, die Stielansätzen herausschneiden, in kochendem Wasser überbrühen, abschrecken und die Haut abziehen. Dann die Tomaten mit einem scharfen Messer vierteln, entkernen und in Würfel schneiden.*

Das **Olivenöl** erhitzen und den geschälten **Knoblauch** darin glasig andünsten. Die Tomatenwürfel hinzufügen und kurz mitdünsten. **Tomatensoße** und gehackte **Kräuter** dazugeben, aufkochen und nach Bedarf mit **Salz**, **Pfeffer** und **Zucker** abschmecken.

Tipp

Diese Soße passt wunderbar zu Geflügel- und Fischgerichten.

* Bei diesem Rezept kommt es wirklich auf die frischen Tomaten an – bitte verwenden Sie keine Dosenware!

Lieben Sie Oliven? Dann verfeinern Sie die Soße mit 100 g gehackten Oliven. Ich gebe gern auch noch 2–3 EL Speck-Zwiebel-Panaché *(Rezept Seite 144)* dazu, dafür verzichte ich allerdings auf Salz.

Weißweinsoße

Grundrezept für Fischgerichte

Zutaten für 400 ml Soßenflüssigkeit

2 Schalotten
20 g Butter
100 ml trockener Weißwein
300 ml Fischbrühe
150 ml Sahne
Salz
20 ml Pernod
10 g Speisestärke

Zubereitung

Die **Schalotten** schälen, fein würfeln und in **Butter** glasig andünsten, mit dem **Weißwein** ablöschen. Den Wein auf die Hälfte einkochen und mit **Fischbrühe** und **Sahne** auffüllen.*

Alles 8–12 Minuten köcheln lassen, mit Salz und **Pernod** würzen und mit in kaltem Wasser aufgelöster **Speisestärke** binden.**

Tipps

* Einen guten Fischfond können Sie aus Fischkarkassen herstellen – die Gräten von Plattfischen (Seezunge, Steinbutt, Scholle) liefern besonders viel Geschmack. Sie können aber auch Süßwasserfische verwenden. Ansonsten scheuen Sie sich nicht, auf einen Fond aus dem Supermarkt zurückzugreifen.

** Für das Binden der Soße benötigen Sie nur einen Teil der Speisestärke. Dosieren Sie also vorsichtig!

Champagnersoße

Zutaten für 400 ml Soßenflüssigkeit

100 ml trockener Weißwein
400 ml Weißweinsoße *(siehe Rezept oben)*
30 g kalte Butter (gewürfelt)
30 ml Champagner
2 EL Dillspitzen (nach Geschmack)

Zubereitung

Den **Weißwein** auf die Hälfte reduzieren, dann die **Weißweinsoße** dazugießen und alles 5 Minuten köcheln lassen. Die Soße vom Herd nehmen, die kalte **Butter** untermischen und mit **Champagner** und **Dillspitzen** verfeinern.

Tipp

Auf Basis der Weißweinsoße können Sie ganz einfach weitere Varianten zubereiten. Als ergänzende Zutaten eignen sich Senf, Safranfäden, Kräuter, Krebs- oder Hummerbutter.

Pilzsoße

Zutaten für 1 Liter Soßenflüssigkeit

2–3 Schalotten
10 g Butter
100 ml Weißwein
300 ml Geflügel- oder Kalbsfond
100 ml Sahne
300 g Pilze (Austernpilze, Steinpilze oder Champignons)
3–4 EL Olivenöl
Salz
Paprikapulver
3 EL Schnittlauchröllchen
Pfeffer
20–30 ml weißer Portwein
10 g Speisestärke

Zubereitung

Die **Schalotten** schälen und in feine Würfel schneiden, in **Butter** glasig dünsten, dann den **Weißwein** zugießen. Den Wein auf die Hälfte einkochen. **Fond** und **Sahne** hinzufügen und die Soße bei schwacher Hitze köcheln lassen.

Die **Pilze** putzen und in Stücke schneiden.*

Erst eine Pfanne und dann etwas **Olivenöl** darin erhitzen. Die Pilze in mehreren Portionen darin kross anbraten. Mit **Salz** und 1 Prise **Paprikapulver** würzen. Die fertigen Pilze mit dem **Schnittlauch** bestreuen.**

Die Pilze zur Soße geben und weitere 2–3 Minuten kochen lassen. Mit **Salz**, **Pfeffer** und **weißem Portwein** abschmecken und mit in Wasser gelöster **Speisestärke** oder mit Mehlbutter *(Rezept Seite 117)* binden.

Tipps

Pilzsoße passt hervorragend zu Fleischgerichten.

* Schneiden Sie die Pilze nicht zu klein, denn bei der Zubereitung schrumpfen sie aufgrund ihres Wassergehalts um rund ein Drittel.

** Schnittlauch und Paprikapulver verstärken den Pilzgeschmack. Und: Sie müssen die Pfanne zischen hören, dann hat sie die richtige Temperatur für das Braten. Nach dem Braten der Pilze löschen Sie den Bratensatz mit ein paar Löffeln der Soße ab und fügen ihn dann zur Soße hinzu – das verstärkt den Geschmack.

Für andere Varianten verwenden Sie anstatt der Pilze grünen Pfeffer, geriebenen Meerrettich, Trüffel, Maronen oder Speck.

Beilagen

Mehr als nur eine Zugabe

Immer nur Petersilienkartoffeln? Wie langweilig! Denn nicht nur Hauptgerichte dürfen speziell sein, auch Beilagen bringen durch Formen- und Geschmacksreichtum Abwechslung und Spannung.

Von Knödeln über Krapfen bis hin zu meinem Spezialrezept für extraknusprige Bratkartoffeln habe ich Ihnen raffinierte Rezepte mit einfachen Zutaten zusammengestellt. Wow-Effekte garantiert!

Tipp: Entdecken Sie alte und besonders geschmackvolle Kartoffelsorten für sich – wie zum Beispiel die nussig schmeckende Corne de Gatte mit rosafarbener Schale, die rotschalige, innen gelbe Cherie und die durch und durch blaue Vitelotte, deren dunkles Fruchtfleisch Salaten, Pfannengerichten, Chips oder Pürees eine exklusive Note verleiht. Ein Kick fürs Auge sind in Kugeln, Halbmonde, Blätter, Würfel, Rauten oder Stifte geschnitzte Kartoffeln. Das ist zwar etwas aufwendig, sieht auf dem Teller aber gleich viel beeindruckender als gewohnt aus.

Kartoffeln – alles Tolle aus der Knolle

Bei den geschätzten 4 500 unterschiedlichen Sorten, die eine unglaubliche Vielfalt an Größen, Knollentypen, Formen und Farben bedeuten, unterscheidet der Kartoffelkenner bei den Speisekartoffeln gern nach der Kocheigenschaft.
So eignen sich festkochende Sorten wie Cilena, Sieglinde, Hansa, Linda, Nicola und Selma vor allem für (Kartoffel-)Salate und vorwiegend festkochende – beispielsweise Clivia, Hela, Grata und Gloria – für Salz-, Pell- und Bratkartoffeln. Letztere sind nach dem Garen etwas lockerer und meist wird beim Kochen die Randschicht weicher.
Mehligkochende Sorten lassen sich nach dem Kochen leicht zerkleinern und eignen sich wunderbar für viele Kartoffelteige: Datura, Irmgard und Karlena heißen diese Sorten.

Kartoffelknödel

Zutaten für 4 Portionen

Salz
600 g Kartoffeln
(gekocht und ausgedämpft)
2 Eigelb
50 g Kartoffelmehl
30 g flüssige Butter
Salz
Muskat

Zubereitung

Salzwasser in einem großen Topf zum Kochen bringen.

Die gekochten **Kartoffeln** durch eine Presse drücken und sofort zügig mit **Eigelben** vermengen, **Kartoffelmehl** und **Butter** einarbeiten. Aus dem Teig kleine Knödel formen. Diese im Salzwasser kochen, bis sie an die Oberfläche steigen. Dabei sollte das Wasser nur leicht sieden und nicht stark kochen, damit die Knödel nicht auseinanderfallen.*

Tipp

* Binden Sie das Wasser mit etwas Speisestärke. So erhalten Ihre Knödel einen wunderschönen Glanz.

Kartoffelrosetten

Zutaten für 4 Portionen

1 kg Kartoffeln
(gekocht und ausgedämpft)
3 Eigelb
Salz
Muskat

Zubereitung

Den Backofen auf 160 Grad vorheizen.

Kartoffeln durch eine Presse drücken und sofort zügig mit den **Eigelben** vermengen, mit **Salz** und **Muskat** abschmecken.

Die noch heiße Masse in einen Spritzbeutel mit Sterntülle füllen und damit auf ein mit Backpapier belegtes Blech gleichmäßige Rosetten spritzen. Kartoffelrosetten 15 Minuten backen, bis sie eine goldbraune Kruste haben.

1

2

3

4

5

6

Kartoffelkroketten

Zutaten für 4 Portionen

1 Rezept Kartoffelrosetten
(Rezept Seite 131)

Mehl
Ei
Semmelbrösel
Fett (zum Frittieren)
einige Spaghetti
4 Nelken

Zubereitung

Den Kartoffelteig wie im Rezept Kartoffelrosetten zubereiten.

Nun den Kartoffelteig auf einer bemehlten Arbeitsfläche zu einer Rolle mit 2 cm Ø formen und davon 4 cm lange Stücke abschneiden. Panieren Sie diese nacheinander in **Mehl**, verquirltem **Ei** und **Semmelbröseln**, bevor Sie sie im heißen **Fett** bei 170 Grad ausbacken.
Versuchen Sie auch, die Krokette zu einer Birne zu rollen: Nach dem Panieren stecken Sie ein **Spaghettistück** als Stiel hinein und unten eine **Nelke** als Blütenansatz.

Tipp

Stellen Sie Semmelbrösel einfach selbst her: Zerreiben Sie frisches Weißbrot in der Küchenmaschine und fügen frische Petersilie hinzu. Schon haben Sie grüne Brösel, die nicht nur schmecken, sondern auch toll aussehen.

1

2

3

4

5

6

Kartoffelkrapfen

Zutaten für 4 Portionen

Für den Brandteig
100 g Butter
150 g Mehl (gesiebt)
4 Eier

Fett (zum Ausbacken)
1 kg Kartoffeln (gekocht und ausgedämpft)
400 g Brandteig *(siehe oben)*

Zubereitung

Butter mit 250 ml Wasser aufkochen, das **Mehl** hinzugeben und den Teig mit einem Holzlöffel rühren, bis er von der Konsistenz her fest ist und sich eine weiße Schicht am Topfboden gebildet hat. Diesen Vorgang nennt man Abbrennen.

Nun die **Eier** nacheinander hinzugeben und alles zu einem glatten Teig vermischen.

Fett in einem großen Topf auf 160 Grad erhitzen.

Für die Krapfen durchgepresste **Kartoffeln** mit Brandteig vermengen. Mit 2 Löffeln aus der Masse Krapfen formen und diese im heißen **Fett** ausbacken, bis sie eine goldbraune Farbe haben.*

Tipp

* Damit sich die Krapfen besser von den Löffeln lösen, tauche ich die Löffel vorher in kaltes Wasser.

Pommes frites

Zutaten für 4 Portionen

Fett (zum Frittieren)
500 g mehligkochende Kartoffeln
Salz (nach Geschmack)

Zubereitung

Fett in einem großen Topf auf 140 Grad erhitzen.

Für krosse, selbst gemachte Pommes frites brauchen Sie mehligkochende **Kartoffeln**.* Kartoffeln schälen, erst in 1 cm dicke Scheiben und dann in 5–6 cm lange Stifte schneiden.

Nun werden die Kartoffelstifte im heißen Fett ca. 5 Minuten vorgebacken. Bei diesem Vorgang nimmt die Kartoffel keine Farbe an. Das Fett verschließt die Poren der Pommes, die Dampfbildung im Inneren gart das Kartoffelfleisch.**

Die Temperatur des Fetts auf 180 Grad erhöhen. Zum Fertigbacken die Kartoffelstifte weitere 2 Minuten backen, bis sie goldbraun sind.***

Tipp

* Wenn Sie sich nicht sicher sind, welche Sorte Kartoffeln Sie haben, halbieren Sie einfach eine Knolle und reiben die Schnittflächen aneinander. Kleben diese zusammen, besitzt die Kartoffel viel Stärke und ist mehligkochend. Tropft hingegen etwas Wasser heraus, hat sie wenig Stärke und ist festkochend.

** Machen Sie eine Garprobe – holen Sie ein Stäbchen aus dem heißen Fett und drücken es mit den Fingern zusammen. Wenn es sich weich anfühlt, können Sie das Vorbacken beenden.

*** Servieren Sie Pommes frites doch mal gestapelt oder in selbst gemachten Pommes-Tüten.

Kartoffelplätzchen

Zutaten für 4 Portionen

1 kg Kartoffeln
(gekocht und ausgedämpft)
1 Eigelb
gehackte Petersilie
Salz
Muskat
etwas geklärte Butter
(siehe Tipp Seite 42)

Zubereitung

Nach dem Kochen die noch heißen **Kartoffeln** durch eine Presse drücken. Sofort mit **Eigelb** vermengen, bis ein glatter, fester Teig entsteht. **Petersilie** zufügen und die Masse mit **Salz** und **Muskat** würzen. Auf einer bemehlten Arbeitsfläche Rollen formen und diese auskühlen lassen. Anschließend in 2 cm dicke Scheiben schneiden und in **geklärter Butter** von beiden Seiten anbraten.

Tipp

Nach dem Kochen müssen Kartoffeln ausdämpfen: Verteilen Sie sie auf einem Backblech und trocknen Sie sie für 10 Minuten bei 140 Grad im Backofen. Wichtig ist, die Temperatur nicht zu hoch zu stellen, um eine Krustenbildung zu vermeiden – anderenfalls lassen sich die Kartoffeln nur sehr schwer durch eine Presse drücken.

Kartoffelfächer mit Trüffel

Zutaten für 4 Portionen

4 große Ofenkartoffeln
1 Alba-Trüffel (40 g)
Olivenöl
Salz

Zubereitung

Backofen auf 180 Grad vorheizen.

Ofenkartoffeln schälen, gleichmäßig einschneiden. Dabei darauf achten, dass die Schnitte nicht zu tief sind, sonst fallen die Kartoffeln auseinander.

Trüffel in dünne Scheiben schneiden.

Kartoffeln mit **Salz** würzen, mit dem **Olivenöl** einstreichen und im Ofen 45 Minuten backen. Anschließend Trüffelscheiben in die Kartoffelspalten schieben und nochmals 10 Minuten backen.

Tipp

Für diesen Kartoffelfächer benötigen Sie keine große Menge Trüffel. Ich kalkuliere mit ca. 40 g für 4 Personen, was ungefähr 15 Euro entspricht. Achten Sie beim Einkauf auf erstklassige Qualität: Eine gute Alba-Trüffel muss fest sein. Trüffel verliert übrigens schnell an Gewicht – also am besten frisch kaufen und schnell weiterverarbeiten. Konnte ich Sie nicht von diesem kleinen Stückchen Luxus überzeugen? Dann sind frische Steinpilze eine harmonische und wohlschmeckende Alternative.

Pariser Kartoffeln

Zutaten für 4 Portionen

500 g festkochende Kartoffeln
Salz

Zubereitung

Kartoffeln schälen und mit einem Kugelausstecher kleine Kugeln formen. Diese in kochendem **Salz**wasser garen.

Balsamico-Kartoffeln mit Thymian und Honig

Zutaten für 4 Portionen

600 g kleine festkochende Kartoffeln
200 g Zwiebeln
grobes Meersalz
3 EL Olivenöl
4 EL Balsamico-Essig
4 Zweige Thymian
Pfeffer
1 EL Honig

Zubereitung

Den Backofen auf 200 Grad vorheizen.

Die **Kartoffeln** schälen in Stücke schneiden. Die **Zwiebeln** schälen und halbieren oder vierteln.

Die Kartoffeln und Zwiebeln in einer Auflaufform mit **Olivenöl** mischen und mit **Meersalz** würzen. Im Ofen bei 180 Grad 30 Minuten backen, aus dem Ofen nehmen.

Balsamico und **Thymian** zu den Kartoffeln in die Form geben, gut vermischen. Die Ofentemperatur auf 220 Grad erhöhen und die Kartoffeln weitere 20 Minuten backen, bis sie knusprig sind, dabei mehrmals wenden.

Vor dem Servieren mit **Pfeffer** bestreuen und mit **Honig** beträufeln.

Tipps

Diese Beilage passt in jede Jahreszeit, zu hellen und dunklen Fleischsorten.

Für dieses Rezept rate ich Ihnen, den Strunk der Zwiebeln nicht zu entfernen, so fallen sie beim Backen nicht auseinander.

Bratkartoffeln mit Speck und Zwiebeln

Die perfekten Bratkartoffeln sind goldgelb, knusprig und werden mit krossem Speck und glasigen Zwiebeln serviert. Leider sieht die Realität oft ganz anders aus: Die Bratkartoffeln sind matschig, die Zwiebeln verbrannt, obwohl der Speck noch gar nicht knusprig ist.

Die größte Herausforderung ist der Zeitpunkt der Zugabe von Speck und Zwiebeln. Ganz ehrlich: Ich kann Ihnen den richtigen Moment nicht nennen, verrate Ihnen aber gern, wie wir Profiköche die perfekten Bratkartoffeln zaubern: Sie benötigen ein Speck-Zwiebel-Panaché – damit klappt es immer!

Zutaten für 4 Portionen

Für das Zwiebel-Speck-Panaché
200 g gewürfelter Bauchspeck
400 g Zwiebeln (fein gewürfelt)

ca. 300 g Kartoffeln
5 EL Rapsöl
Salz
Pfeffer
4 EL frische Kräuter (gehackt)

Zubereitung

Einen Topf auf den Herd stellen und den **Bauchspeck** hineingeben. Langsam erhitzen.

Den Speck unter gelegentlichem Rühren kross anbraten; das dauert einige Minuten. Sobald er leicht kross ist, die **Zwiebeln** hinzugeben und so lange mitbraten, bis diese glasig sind.*

Ein paar rohe geschälte **Kartoffelscheiben** in einer beschichteten Pfanne in **Rapsöl** von jeder Seite goldbraun anbraten. Wenn der gewünschte Bräunungsgrad erreicht ist, 1–2 EL Speck-Zwiebel-Panaché hinzufügen. Nochmals kurz anbraten und

Tipp

* Beim langsamen Erhitzen kann genügend Eigenfett aus dem Speck austreten, ohne dass er sofort anbrennt. So sparen Sie sich die Zugabe von zusätzlichem Öl, schließlich ist Bauchspeck schon fettig genug.

Zwiebel-Speck-Panaché

mit **Salz** und **Pfeffer** würzen. Abschließend mit frischen **Kräutern** garniert servieren – und die perfekten Bratkartoffeln mit Speck und Zwiebeln genießen!

Das war es auch schon – das Geheimnis, wie Bratkartoffeln immer gelingen. Ich bin mir sicher, Sie werden vom Resultat verblüfft sein.

Tipp

Die klassischen Bratkartoffeln ersetze ich übrigens oft durch Ballonkartoffeln: Dafür halbieren Sie kleine Drillinge, pinseln sie mit Olivenöl ein und salzen sie kräftig. Mit der Schnittfläche nach oben auf ein Backblech setzen und im vorgeheizten Backofen bei 180 Grad 30 Minuten garen. Die Kartoffelhälften gehen beim Backen wie Heißluftballons auf und sind genial lecker.

Reis – körnige Abwechslung

Viele Menschen schätzen die kleinen weißen Körner als flexible Beilage in vielfältigen Variationen. Das Angebot an verschiedenen Sorten und Zutaten ist bei gut 8 000 Reissorten enorm – der eigenen Kreativität beim Kochen sind also fast keine Grenzen gesetzt.

Servieren Sie Ihren Reis mal etwas anders: Füllen Sie Reis in Metallringe oder mischen Sie verschiedene Sorten miteinander, die Sie dann mithilfe von Timbale-Förmchen stürzen.

Tipp: Wenn Sie kein Timbale-Förmchen zur Hand haben, eignet sich auch eine kleine Tasse wunderbar.

Färben Sie Reis ein, indem Sie dem Kochwasser Gewürze zufügen. Curry oder Safran beispielsweise verleihen den Körnern ein gelbliches Aussehen und einen ausgeprägten Geschmack.

Tipp: Verarbeiten Sie übrig gebliebenen Risotto zu panierten Reisbällchen. Formen Sie dafür aus der kalten Risottomasse kleine Kugeln und wenden Sie diese nacheinander in Mehl, verquirltem Ei und Semmelbröseln. Bällchen in heißem Olivenöl bei 170 Grad ca. 3–4 Minuten ausbacken.

Risotto

Zutaten für 4 Portionen

100 g Risottoreis
2 Schalotten
30 g Butter
2 EL Olivenöl
250 ml Brühe (heiß)
30 g Parmesan (gerieben)

Zubereitung

Risottoreis schätze ich sehr: Richtig gekocht ist die Beilage saftig und kann wunderbar mit saisonalem Gemüse ergänzt werden.

Den **Reis** in kaltem Wasser gründlich waschen und abtropfen lassen.

Die **Schalotten** schälen, fein würfeln und in 10 g **Butter** glasig andünsten. Den Reis mit dem **Olivenöl** hinzufügen und dünsten, dabei immer wieder rühren.

Den Reis mit heißer **Brühe** auffüllen, sodass er gerade damit bedeckt ist, und bei mittlerer Hitze köcheln lassen. Immer wieder heiße Brühe angießen, bis die Flüssigkeit fast eingekocht und der Reis bissfest gar ist. Den geriebenen **Parmesan** und die restliche Butter untermengen.

Tipps

* Risotto sollte von der Konsistenz her körnig und saftig sein – das können Sie durch Zugabe einer gut gewürzten Brühe steuern. Auf Salz können Sie bei diesem Rezept übrigens komplett verzichten, denn der geschmacklich kräftige Parmesan und die Brühe bringen genügend Würze.

Servieren Sie doch einfach mal Risotto in einer Gemüsehülle! Dafür Tomaten aushöhlen, mit Risotto füllen und im 180 Grad heißen Backofen ca. 10 Minuten erwärmen. Ein besonderer Genuss wird diese Beilage, wenn Sie noch etwas frischen Parmesan darüberhobeln. Statt der Tomaten können Sie natürlich auch Zucchini verwenden – das sorgt für Abwechslung und neue Geschmackserlebnisse.

1

2

3

4

Polenta

Zutaten für 4 Portionen

Salz
100 g Maisgrieß
50 g Butter
50 g Parmesan (gerieben)

Zubereitung

Den Backofen auf 180 Grad vorheizen

500 ml Wasser mit etwas **Salz** zum Kochen bringen. **Maisgrieß** einrühren und 10–15 Minuten köcheln lassen, bis eine feste Masse entsteht.*

Nun die **Butter** und die Hälfte des **Parmesans** zufügen, alles gut miteinander verrühren und die Polentamasse fingerdick auf ein Blech streichen. Erkalten lassen.

Die Polenta mit einem Messer oder Ausstecher in Rauten oder Halbmonde schneiden, mit dem restlichen **Parmesan** bestreuen und auf einem Blech im heißen Backofen überbacken.**

Tipps

* Damit die Polenta eine glatte Konsistenz bekommt und nicht anbrennt, bitte beim Aufkochen ständig umrühren.

** Sie können die Polenta auch in Olivenöl in einer Pfanne von beiden Seiten anbraten. Bei dieser Methode ziehen Sie am besten die gesamte Menge Parmesan unter den Polentabrei.

Desserts

Heiß-kalte Verführungen

Immer wieder hört man, wie wichtig der erste Eindruck ist. Der letzte ist jedoch genauso entscheidend. Und für einen unvergesslichen letzten Moment sorgt bei einem Festmahl nun mal das Dessert. Konnten Sie früher noch mit frischen Minzblättchen, ein paar Mandelsplittern und Soßenspiegeln punkten, gehört zur hohen Kunst der süßen Extraklasse heute einfach mehr.

Desserts, die Augen zum Staunen und alle Geschmacksknospen zum Explodieren bringen, sind aber keineswegs nur Spielwiese für Foodstylisten und Sterneköche. Sondern auch für Sie! Auf den folgenden Seiten öffne ich für Sie eine kleine lukullische Wundertüte und verrate Ihnen Kniffe, die Sie vom Koch zum Künstler erheben und Ihr Dessert zum Gedicht. Für einen letzten Augenblick, der bei Ihren Gästen besonders intensiv im Gedächtnis bleibt.

Gebackenes Vanilleeis mit Apfel-Tarte

Vanilleeis
Marzipan
Zucker
Äpfel
Blätterteig

1

2

3

4

5

6

Gebackenes Vanilleeis mit Apfel-Tarte

Zutaten für 4 Portionen

Für das Vanilleeis

200 g Vanilleeis
Puderzucker (zum Arbeiten)
100 g Marzipanrohmasse

Für die Apfel-Tarte

3 Äpfel
Saft von **1** Zitrone
50 g brauner Rohrzucker
10 g Butter (in Flöckchen)
400 g Blätterteig

Für den Biskuitmantel

Fett (zum Ausbacken)
50 g Mehl
1 Ei
100 g Biskuitbrösel

Zubereitung

Aus dem **Vanilleeis** 4 Kugeln ausstechen und ins Gefrierfach stellen.

Die Arbeitsfläche mit **Puderzucker** bestäuben. **Marzipan** dünn darauf ausrollen und in 4 Rechtecke schneiden.

Jeweils 1 Kugel Vanilleeis auf ein Marzipanrechteck legen und darin einschlagen, das überschüssige Marzipan abschneiden. Die eingepackten Kugeln für 1 Stunde einfrieren.

Den Backofen auf 200 Grad vorheizen.

Für die Tarte am besten eine Kupferpfanne verwenden. Die **Äpfel** schälen, in Spalten schneiden und mit **Zitronensaft** vermischen, damit sie nicht braun werden. Die Kupferpfanne kreisrund mit den Apfelspalten auslegen.*

Nun die Äpfel mit dem **Zucker** bestreuen und obenauf die **Butter** verteilen. Den **Blätterteig** über die Pfanne legen und an den Seiten etwas andrücken.

Fett in einem großen Topf auf 180 Grad erhitzen.

(Fortsetzung auf den nächsten Seiten)

Tipp

* Alternativ können Sie das Eis in Ausbackteig garen. Für den Ausbackteig 125 g Mehl, 200 ml Wein, 20 g Zucker und 10 g Rapsöl mischen und glatt rühren. 2 Eiweiß steif schlagen und unterheben.

1

2

3

4

5

6

Gebackenes Vanilleeis mit Apfel-Tarte

(Fortsetzung)

Die Tarte ca. 25–30 Minuten auf mittlerer Schiene im heißen Ofen backen.** Die Tarte vor dem Stürzen 10 Minuten abkühlen lassen.

Für den Biskuitmantel **Mehl**, verquirltes **Ei** und **Biskuitbrösel** getrennt in Tellern bereitstellen. Die Kugeln nacheinander in Mehl, verquirltem Ei und den Bröseln wenden. Anschließend im heißen **Fett** ca. 1 Minute goldgelb ausbacken.*

Anrichten

Schneiden Sie die heiße Tarte in Stücke und setzen diese auf vorgewärmte Teller. Das gebackene Vanilleeis daneben anrichten, mit Puderzucker bestäuben und servieren – eine heiß-kalte Verführung, die auf der Zunge zu einer wahren Geschmacksexplosion führt.

Tipps

* Achten Sie darauf, die Äpfel eng aneinanderzulegen, damit die Tarte nach dem Stürzen gut gefüllt ist.

** Um die Tarte nach dem Backen auf einen Teller zu stürzen, lösen Sie als Erstes die Ränder vorsichtig von der Pfanne.

Blätterteig
Himbeeren
Sahne
Crème fraîche
Balsamico
Puderzucker
Biskuitbrösel

Gratinierte Himbeer-Tarte mit Balsamico-Soße

1

2

3

4

5

6

Gratinierte Himbeer-Tarte mit Balsamico-Soße

Zutaten für 4 Portionen

Für die Balsamico-Soße

100 g Zucker
40 g Butter
100 g Crème fraîche
2 EL Balsamico-Essig

Für die Himbeer-Tarte

200 g Blätterteig
500 g Himbeeren

Für die Gratin-Masse

2 Eigelb
50 g Puderzucker
30 g Sahne
30 g Biskuitbrösel

Karamellspiralen*
einige Minzblättchen

Zubereitung

Für die Soße den **Zucker** mit der **Butter** aufkochen, bis ein goldfarbener Karamell entsteht. **Crème fraîche** unterrühren und alles mit dem **Balsamico-Essig** abschmecken.

Den Backofen auf 220 Grad vorheizen. Den **Blätterteig** dünn ausrollen, mit einem Metallring (Ø 5 cm) Kreise ausstechen und anschließend mit einer Gabel mehrmals einstechen. 10 Minuten im Ofen goldbraun backen.

Für die Gratin-Masse **Eigelbe** und **Puderzucker** mit dem Handrührgerät aufschlagen. Anschließend **Sahne** und **Biskuitbrösel** untermengen.

Die Blätterteigkreise mit den **Himbeeren** belegen und je 2 Kreise aufeinanderstapeln. Obenauf 1 EL Gratin-Masse geben und mit dem Gasbrenner oder im Backofen bei 190 Grad auf oberster Schiene goldbraun gratinieren.*

Anrichten

Dekorieren Sie die Tarte mit Karamellspiralen und Minze. Die Soße können Sie auf dem Teller verteilen oder – etwas raffinierter – auf einem Löffel servieren. Und dann: Augen schließen und himmlischen Genuss erleben!

Tipps

* Wenn Sie sich noch etwas mehr Mühe machen möchten, können Sie die Blätterteigböden mit der Vanillecreme aus dem Rezept Strudelsäckchen *(Rezept Seite 174)* bestreichen.

* Wie Sie effektvolle Karamellspiralen zaubern, zeige ich in meinem Buch **schöner kochen: kalte Küche** auf Seite 21.

Gebackene Apfelringe mit Kokosnuss und Vanillesoße

Milch
Äpfel
Weißwein
Zucker
Kokosnuss
Vanille

Gebackene Apfelringe mit Kokosnuss und Vanillesoße

Zutaten für 4 Portionen

Für die gebackenen Apfelringe

Fett (zum Ausbacken)
2 Äpfel
100 ml Weißwein
100 g Mehl
1 Eigelb
1 Eiweiß
20 g Zucker
Mehl (zum Arbeiten)
Puderzucker und Kakaopulver (zum Bestäuben)
¼ Kokosnuss

Für die Vanillesoße

500 ml Milch
Mark von **1** Vanilleschote
6 Eigelb
120 g Zucker

Zubereitung

Fett in einem großen Topf auf 160 Grad erhitzen.

Die **Äpfel** schälen und die Kerngehäuse ausstechen. Die Äpfel in 5 mm dicke Scheiben schneiden.*

Weißwein, **Mehl** und **Eigelb** mischen, mit einem Schneebesen glatt rühren. Das **Eiweiß** mit dem **Zucker** steif schlagen und unter den Teig heben.

Die Apfelringe in **Mehl** wenden und in den Ausbackteig tauchen. Im heißen Fett goldbraun ausbacken, aus dem Topf nehmen und auf Küchenpapier abtropfen lassen. Mit **Puderzucker** und **Kakaopulver** bestäuben.

Tipps

* Beträufeln Sie die Apfelscheiben mit Zitronensaft, damit sie nicht braun werden.

Eine wundervolle Abwechslung schaffen Sie, indem Sie nur jede 2. Apfelscheibe im Teig ausbacken und die übrigen Scheiben in einer Pfanne in Butter und Zucker garen.

1

2

Das Fruchtfleisch der **Kokosnuss** mit einem Sparschäler in dünne Streifen schneiden und bis zur Verwendung in kaltes Wasser legen.

Für die Soße **Milch** und **Vanillemark** aufkochen. **Eigelb** mit **Zucker** schaumig schlagen. Die heiße Milch über die Eigelb-Zucker-Mischung gießen und über einem Wasserbad so lange rühren, bis die Soße eine cremige Konsistenz hat. Anschließend in ein kaltes Gefäß umfüllen.

Anrichten

Stapeln Sie die Apfelringe übereinander und legen Sie zwischen die einzelnen Schichten ein paar Kokosnussstreifen. Umgießen Sie die Apfelringe mit der Vanillesoße. Einfach köstlich!

3

4

Kakaopulver
Eier
Zucker
Vanilleschote
Wassermelone
Galiamelone
Ananas
Grand Marnier

Soufflierter Schokoladenpfannkuchen auf Melonen-Ananas-Carpaccio

Soufflierter Schokoladenpfannkuchen auf Melonen-Ananas-Carpaccio

Zutaten für 4 Portionen

Für die Pfannkuchen

3 Eier
40 g ungesüßtes Kakaopulver
60 g Mehl
200 ml Milch
2 EL Olivenöl
4 EL Rapsöl (zum Braten)

Für die Soufflé-Creme

3 Eigelb
210 g Zucker
Mark von **1** Vanilleschote
20 g Mehl
60 g ungesüßtes Kakaopulver
250 ml Milch
4 Eiweiß

Für das Carpaccio

¼ Wassermelone
½ Galiamelone
½ Ananas
50 ml Grand Marnier
Schokoäste*
frische Kräuter (zum Garnieren)
Puderzucker (zum Bestäuben)

Zubereitung

Den Backofen auf 200 Grad vorheizen.

Für die Pfannkuchen **Eier** mit gesiebtem **Kakaopulver**, **Mehl** und der **Milch** glatt rühren. Das **Olivenöl** zufügen und den Teig 30 Minuten ruhen lassen.*

Rapsöl in einer beschichteten Pfanne erhitzen. Darin 8 dünne Pfannkuchen backen.

Für die Soufflécreme **Eigelbe** mit 60 g **Zucker** und dem **Vanillemark** schaumig schlagen, **Mehl** und **Kakao** hineinsieben und 1 Minute weiterschlagen.

Milch in einen Topf füllen und die Soufflémasse zufügen. Langsam zum Kochen bringen, unter ständigem Rühren 2 Minuten köcheln lassen.

Tipps

* Achten Sie darauf, dass beim Verrühren keine Luftbläschen entstehen! Die verursachen beim Backen Löcher im Crêpe.

** Um eine Hautbildung an der Oberfläche der Soufflécreme zu verhindern, belegen Sie sie mit einigen Butterflocken oder bestäuben sie mit etwas Puderzucker.

Die Creme in eine Schüssel füllen und auskühlen lassen.**

Eiweiß mit dem Handrührgerät langsam steif schlagen, dabei 150 g **Zucker** einrieseln lassen, bis sich glänzende weiche Spitzen bilden. Den Eischnee mit einem Schneebesen unter die ausgekühlte Soufflémasse heben.

Aus den Pfannkuchen mit einer runden Form (Ø 10 cm) Kreise ausstechen. Auf jeden Pfannkuchen 2 EL Soufflécreme geben und zuklappen. Im heißen Backofen 5 Minuten backen.

Melonen und **Ananas** schälen, in 2 mm dicke Scheiben schneiden. Aus den Scheiben unterschiedlich große Kreise ausstechen.

Anrichten

Platzieren Sie Melonen- und Ananasscheiben abwechselnd auf Tellern und pinseln Sie sie mit dem **Grand Marnier** ein. Dann setzen Sie die noch heißen Pfannkuchen auf das Carpaccio. Garnieren Sie das Dessert mit **Schokoästen** und **frischen Kräutern** und bestäuben die köstlich warme Kreation mit **Puderzucker**. Sind Sie bereit für dieses Feuerwerk an verschiedenen Aromen?

Tipp

* Wie Sie effektvolle Schokoäste herstellen können, zeige ich in meinem Buch **schöner kochen: kalte Küche** auf Seite 19.

2

3

Crème fraîche
Orangen
Rotwein
Grenadine
Zucker
Vanille
Zimt
Sternanis
Nelke

Knuspriges Strudelsäckchen mit Gewürzorangen

Knuspriges Strudelsäckchen mit Gewürzorangen

Zutaten für 4 Portionen

Für die Gewürzorangen

4–5 Orangen
500 ml Rotwein
40 ml Grenadine
200 g Zucker
Mark von **1** Vanilleschote
1 Zimtstange
1 Sternanis
2 Nelken
10 g Speisestärke

Für die Vanillecreme

150 ml Milch
3 Eigelb
30 g Zucker
1 Pck. Vanillezucker
10 g Speisestärke

*Für das Strudelsäckchen**

Fett (zum Ausbacken)
100 g Crème fraîche
4 Stück Strudelteig (15 x 5cm)
1 Eiweiß
Puderzucker (zum Bestäuben)

Zubereitung

Schälen Sie die **Orangen** mit einem scharfen Messer so, dass die weiße Haut vollständig entfernt ist. **Rotwein**, **Grenadine** und **Zucker** mit den **Gewürzen** aufkochen. Die Orangen hineinlegen und über Nacht ziehen lassen.

Die Orangen vor dem Servieren in dünne Scheiben schneiden. Den Sud nochmals aufkochen und mit etwas in Wasser gelöster **Speisestärke** binden.

Für die Vanillecreme **Milch** mit **Eigelb**, **Zucker**, **Vanillezucker** und **Speisestärke** unter ständigem Rühren langsam aufkochen und 2 Minuten köcheln lassen. In eine Schüssel füllen und auskühlen lassen.

Fett in einem großen Topf auf 160 Grad erhitzen.

Die kalte Creme mit **Crème fraîche** mischen. Jeweils 2 EL Creme auf die **Strudelteigstücke** setzen, die Ränder mit **Eiweiß** einstreichen und zu einem Säckchen drehen. Die Strudelsäckchen im heißen **Fett** ca. 30 Sekunden ausbacken, aus dem Fett nehmen und auf Küchenpapier abtropfen lassen.

Tipp

* Alternativ können Sie auch Filoteig verwenden.

Anrichten

Platzieren Sie die Orangenscheiben kreisförmig auf Tellern, nappieren Sie diese mit etwas Sud und setzen die heißen Strudelsäckchen darauf. Jetzt mit **Puderzucker** bestäubt servieren und losschlemmen!**

Tipp

** Zum absoluten Hingucker wird diese Dessertkreation, wenn Sie die Tellerränder zusätzlich mit Schokolade dekorieren. Das beste Hilfsmittel dafür ist eine Spritztüte.

1

2

Gewusst wie ...

Damit beim Nachkochen nichts schiefgeht, hier noch einige allgemeine Hinweise:

_ Werden Eier für das Gericht benötigt, kaufen Sie die in Größe M.
_ Die Zeitangaben in den Rezepten sollen Ihnen helfen, den Arbeitsaufwand möglichst gut einzuschätzen.
_ Schalten Sie den Backofen immer 10–20 Minuten vor dem Gebrauch ein.
_ Schmecken Sie Speisen immer doppelt ab: einmal während der Zubereitung und nochmals kurz vor dem Servieren.

Braten und Schmoren – was diese beiden Küchentechniken angeht, da sind die Deutschen spitze. In Ofen oder Pfanne kommt fast alles: Fisch, Rind, Schwein oder Geflügel. Wie man richtig brät und schmort, und vor allem wie man richtig gut würzt, erkläre ich Ihnen in diesem Kapitel.

Allgemeines zu den Garzeiten

Die in beiden Bänden von „schöner kochen" angegebenen Garzeiten sind nur ungefähre Richtwerte. Die eigentliche Gardauer hängt immer von der Qualität des Produkts sowie von Funktionsweise und Heizleistung Ihres Herds und Backofens ab. Ein Anhaltspunkt ist, dass pro Zentimeter Fleischdicke etwa 10 Minuten nötig sind. Das gilt natürlich nicht für den Schnellkochtopf oder die Mikrowelle. Die Garzeit der Fleischstücke lässt sich bei den konventionellen Garmethoden auch anhand des Gewichts ermitteln: Man rechnet für 500 Gramm Rindfleisch ca. 50 Minuten, für Kalb, Lamm oder Schwein ca. 30 Minuten.

Beim kräftigen Anbraten in hoch erhitzbarem Pflanzenöl entsteht die leckere Knusperkruste. Das gelingt aber nur in wirklich heißem Fett, das nicht qualmen darf – denn dann wird es durch das dabei freigesetzte Acrolein für Ihre Gesundheit brenzlig! Küchenprofis machen es so: die gusseiserne oder Edelstahlpfanne zuerst ohne Fett erhitzen, dann das Öl hineingeben. Sobald sich beim Kippen der Pfanne feine Schlieren oder am Stiel eines Holzlöffels kleine Blasen bilden, können Sie losbrutzeln. Wenn Sie oft Steaks braten, lohnt sich die Anschaffung einer Grillpfanne – da bleibt das Fett in den Rillen. Sie hält große Hitze aus, wie für Kurzgebratenes nötig ist.

Fleisch

Sie wissen ja mittlerweile, dass ich sehr großen Wert auf absolut frische Ware lege. Deshalb erst einmal einige Tipps von mir für den Einkauf: Schauen Sie sich als Erstes die Farbe des Fleischs an. Geflügel und Schwein sind helle Fleischsorten und sollten eine zart- bis dunkelrosa Farbe haben. Rind, Lamm und Wild sind dunkler, das Gewebe sollte eine rote bis dunkelrote Färbung aufweisen. Gutes Geflügel sieht rosé, leicht glänzend aus und darf nicht glitschig sein. Blutunterlaufene Stellen belegen schlechte Schlachtqualität. Achten Sie in jedem Fall darauf, dass das Fleisch nicht fleckig oder bräunlich ist. Denn dann kann man davon ausgehen, dass die Ware nicht mehr frisch ist.

Garzeiten bei Fleisch

Ein Garverfahren ist das Schmoren. Das Schmorgut wird im offenen Kochgeschirr angebraten und gart unter Zugabe von Flüssigkeit mit geschlossenem Deckel weiter. Nach der Zugabe von Flüssigkeit geht ein Teil der Aroma- und Röststoffe in den Bratfond über, wodurch die für ein Schmorgericht typische wohlschmeckende Bratensoße entsteht.

Beim Braten werden Nahrungsmittel bei hohen Temperaturen in wenig Fett unter Bräunung gegart. Durch die hohen Temperaturen gerinnt das Eiweiß in den Randschichten des Bratguts. Es bräunt schnell und bildet eine Kruste, die die typischen Aroma- und Röststoffe enthält. Sie verhindert auch, dass der Fleischsaft und damit lösliche Nährstoffe austreten. Es wird zwischen dem Braten auf dem Herd (160–190 Grad) und im Backofen (160–250 Grad) unterschieden.

Ein großer Fehler, der beim Zubereiten von Fleisch gemacht wird, ist oft eine zu hohe Temperatur. Aber Fleisch erfordert beim Braten Geduld. Braten Sie es immer erst scharf an, reduzieren Sie dann die Hitze für ein sanftes Weiterbraten oder lassen Sie das Fleisch im Ofen ziehen. Und: Braten Sie Fleisch in der Pfanne immer ohne Deckel, denn darunter würde sich Kondenswasser bilden, das den Geschmack verfremdet.

Die folgenden Garzustände werden unterschieden:
52–57 °C = blutig
58–62 °C = rosa
63–68 °C = durchgebraten

Am einfachsten und schnellsten können Sie die Temperatur mit einem Fleischthermometer prüfen, das Sie in das Fleischinnere stechen. Falls Sie kein Thermometer besitzen, lässt sich der richtige Gargrad auch mit einer dünnen Metallnadel prüfen: Stechen Sie diese für einige Sekunden in die dickste Fleischstelle und führen Sie die Nadel anschließend an die Lippen.

Das Ergebnis:
lauwarme Nadel = blutig
warme Nadel = rosa
heiße Nadel = durchgebraten

Sie können den Gargrad aber auch mit dem Finger ertasten. Dazu befühlen Sie das Fleisch mit leichtem Fingerdruck. Gibt es nach und fühlt sich weich an, ist es rosa.

Wenn Sie das Fleisch aus der Pfanne oder dem Ofen nehmen, gart es noch einige Zeit nach. Deshalb gilt: Holen Sie es am besten bereits einige Minuten vor Ablauf der im Rezept angegebenen Garzeit heraus. Grundsätzlich wird ein Stück Fleisch zarter, wenn Sie es vor dem Servieren 5–10 Minuten an einem warmen Ort ruhen lassen.

Geflügel

Geflügel schmeckt im Ganzen oder in Teilstücken. Sie können das Fleisch braten, grillen, schmoren, einen herrlichen Braten herstellen, Ragout, Gulasch oder Frikassee herstellen – (fast) alles ist möglich!

Beim ganzen Geflügel besteht die Kunst darin, eine knusprig krosse Haut mit noch zartem, saftigem Fleisch hinzubekommen. Die Keulen von Geflügel sollten immer durchgegart sein, die Brüste hingegen serviert man am besten rosa. Übrigens: Auch bei Geflügel funktioniert die Garprobe mit der heißen Metallnadel hervorragend. Ein anderer Trick ist, die Nadel in die Keulen zu stechen. Wenn sich beim Wiederherausziehen der Nadel der austretende Fleischsaft rot färbt, muss der Vogel noch etwas im Ofen bleiben. Ist der Saft hingegen klar, ist das Geflügel fertig und kann serviert werden.

So gelingt Ihr Gänsebraten und hat eine perfekt krosse Haut: Eine Gans brate ich immer in einer Saftpfanne oder einem großen Bräter, um das auslaufende Fett und den Bratfond aufzufangen. Den Backofen auf 200 Grad vorheizen, den Bräter mit 400 ml Wasser füllen. Die Gans mit der Brust nach unten hineinlegen und im geschlossenen Bräter 2,5 Stunden braten. Dann den Bräter öffnen und die Gans wenden. Weitere 1,5 Stunden ohne Deckel braten. Als Richtwert für die Bratzeit nehme ich immer 1 Stunde pro Kilogramm Gans. Nun können auch noch die gespickten Äpfel mit hinein, damit sie gleichzeitig mit der Gans fertig sind.

Für eine knusprige Haut übergießen Sie den Gänsebraten während der gesamten Bratzeit mit dem eigenen Saft, der sich im Bräter sammelt, und 15 Minuten vor Ende der Garzeit immer wieder mit Salzwasser. Erhöhen Sie dabei die Temperatur auf 250 Grad.

Fisch

Er ist leicht bekömmlich, liefert gesunde Fette und lässt sich wunderbar in der Küche variieren, denn ob gegrillt, gedünstet oder gebraten: Fisch lässt sich auf vielerlei köstliche Arten zubereiten. Frischen Fisch erkennen Sie natürlich in erster Linie am Geruch: Er sollte immer nach Meerwasser riechen. Weitere Merkmale sind glänzende, pralle, runde Augen, fest sitzende glänzende Schuppen und leuchtend rote, nicht verklebte Kiemen. Ein Frischemerkmal bei Süßwasserfischen ist glänzender Schleim. Bei ganzen Fischen haben Sie zudem die Möglichkeit, einen Daumendrucktest zu machen: Dabei sollte das Fleisch fest und elastisch sein, das heißt, nach dem Daumendruck „springt" es in die Ausgangslage zurück.

Grundsätzlich werden bei der Zubereitung ganze Fische und Filets unterschieden. Die genaue Garzeit eines ganzen Fisches hängt immer von der Sorte, dem Gewicht und dem Garverfahren ab – sogenannte Plattfische brauchen beispielsweise weniger Zeit als große Rundfische.

Fisch sollte beim Servieren im Kern leicht glasig sein. Beim Braten gerinnen die Proteine im Fischfilet, sodass eine weißlich trübe Färbung entsteht. Sobald das Filet einen trüben Rand aufweist, kann es gewendet und kurz weitergegart werden. Sie werden sehen: Wenn Sie diese kleinen Tipps beherzigen, bleibt Ihr Fisch künftig saftig und zart.

Richtig würzen

Beim Würzen das richtige Maß zu finden, ist nicht ganz einfach. Einheitliche Dosierempfehlungen für alle Gewürze und Gerichte gibt es nämlich nicht. Deshalb heißt es in den Rezepten sehr oft: Schmecken Sie nach Belieben mit X und Y ab. Wichtig ist, dass Sie mit geringen Dosierungen starten und den Geschmack etappenweise prüfen. Manche Gewürze wie Currypulver oder edelsüßes Paprika können Sie in größeren Mengen einsetzen. Andere wiederum – wie Cayennepfeffer – sollten Sie vorsichtig mit einer Messerspitze abmessen.

Zur Grundausstattung jeder Küche gehören Salz und Pfeffer. Salz ist eine Grundwürze, ohne die Mahlzeiten meist eher fade schmecken. Geben Sie jedoch immer nur eine Prise zum Essen. Auf diese Weise erhalten Sie den Eigengeschmack der Speisen. Gesalzen wird immer vor dem Garen, dabei geht das Salz eine aromatische Liaison mit dem Fett und den Röststoffen ein. Rohes Salz hingegen dominiert sehr stark. Aromen und Eigengeschmack geraten so in den Hintergrund, mitgegartes Salz bringt diese besser zur Geltung.

Pfeffer verleiht dem Essen die richtige Schärfe. Während der mildere weiße Pfeffer sich prima für alle hellen Soßen eignet, gehört schwarzer Pfeffer in dunkle Soßen. Pfeffer sollte immer frisch gemahlen werden, denn das typische Aroma ist beim bereits gemahlenen Pfeffer längst verflogen. Und wer es gern richtig scharf mag, greift zu Chili oder Cayennepfeffer.

Raffinierter schmecken Gerichte durch weitere Gewürzzugaben. Setzen Sie häufiger Muskat, Curry, Zimt und edelsüßes Paprikapulver ein. Muskat verleiht Mahlzeiten einen leckeren nussigen Geschmack, der zu vielen Gerichten gut passt. Curry ist ein Muss für Liebhaber exotischer Gerichte. Würzen Sie viel mit frischen Kräutern, denn die getrockneten Varianten bleiben hinsichtlich Geschmack, Aroma und Farbe weit hinter ihnen zurück. Um das Aroma nicht einzubüßen, sollten Kräuter nicht lange mitkochen, sondern erst kurz vor dem Fertigstellen der Speisen hinzugefügt werden. Für süße Desserts sollten Sie Zimt oder Vanillepulver – oder besser noch eine Vanilleschote – im Schrank haben.

Index

Sie haben Lust auf mehr Tipps, Tricks und Ideen aus Rafael Pranschkes Kochkiste? Dann empfehlen wir Ihnen

schöner kochen

Die Kunst der Perfekten Zubereitung

Rezepte und Tipps für die kalte Küche

Engelshaare, Schokoladenkörbchen, Gemüsechips, Kartoffelstroh, Parmesanhippen oder Nuss-Segel – erweitern Sie Ihre Fertigkeit, auch scheinbar alltägliches überraschend in Szene zu setzen. Von Salat über Fingerfood bis hin zu Terrine und sündigem Nachtisch.

Mit präzisen Step-by-Step-Fotos und verblüffenden Profitricks gelingt Ihnen das perfekte Finish auf dem Teller – oder auch in einer selbst gemachten Eisschale oder im Filoteigkörbchen.

Wenn Sie Appetit bekommen haben, finden Sie weitere Bilder und Infos aus dem Buch auf unserer Website www.bjvv.de.

Und wenn Ihnen unsere Bücher gut gefallen, empfehlen Sie uns doch bitte weiter.

200 Seiten, Großformat 24,5 x 24,5 cm,
24,95 EUR (D), 39,90 CHF, 25,70 EUR (A)
ISBN 978-3-938100-58-5

Gemüsechips

Kartoffelstroh

Garnelenstern auf Zuckererbsencreme

Schokopraline im Glas

Kartoffel-Waldpilz-Terrine

Salat in selbst gemachter Eisschale

Impressum

Originalausgabe Becker Joest Volk Verlag

1. Auflage September 2010
ISBN 978-3-938100-59-2

Rezepte, Foodstyling Rafael Pranschke
Text Doreen Köstler
Food-Fotografie Hubertus Schüler
Step-Fotografie Raphael Schmitz
Fotoassistenz Benedikt Koester
Layout, typografische Gestaltung
Dipl.-Des. Justyna Krzyzanowska
für Makro Chroma Joest & Volk OHG,
Werbeagentur, Hilden
Satz, Bildbearbeitung, Lithografie
Makro Chroma Joest & Volk OHG,
Werbeagentur, Hilden
Lektorat Dr. Stephanie Kloster

Dank

Ein besonderer Dank gilt Hubertus Schüler, der diesen Rezepten mit seiner Art der Fotografie Leben eingehaucht hat, und Doreen Köstler, die meine Entwürfe und Ideen zu vollendeten Texten verfasste. Raphael Schmitz und Benedikt Koester für ihren ambitionierten Einsatz bei diesem Projekt, einfach super!

Ebenfalls ein großes Dankeschön an Ralf Joest für die Idee zu diesem Buch und an Justyna Krzyzanowska für ihre hervorragende Designer-Arbeit sowie an das gesamte Team vom BJV-Verlag.

Wir danken Ilona und Michael Bohschke von *Bohschke Wohnaccessoires*, Hilden, für die freundliche Unterstützung bei der Porzellanausstattung. Geschirr und Glas stammen zum großen Teil von *Dibbern*. Bezugsquelle: www.bohschke.de.

Vielen Dank für die exzellenten Messer der *Fa. Franz Güde* aus Solingen. Die Step-Fotos wurden mit Messern der Serie *Alpha Birne* fotografiert. Bezugsquelle: www.guede-solingen.de

Die Step-Fotos wurden auf einem genialen Schneidebrett von *unicate* fotografiert. Vielen Dank an Matthias Attelmann. Bezugsquelle: www.unicate-holz.de